社会主义核心价值体系建设

"双百"出版工程

项 目

/ 100 位

新中国成立以来感动中国人物/

谭 千 秋

张 茧 彭世文/编著

★

吉林文史出版社

《100位新中国成立以来感动中国人物》丛书

★★★★★

编 委 会

前　言

　　每个人的心中都多少有一点英雄情结，都向往英雄、景仰英雄。也正因此，在中华人民共和国建国六十周年之际，由中央十一部委联合组织开展的"100位为新中国成立作出突出贡献的英雄模范人物和100位新中国成立以来感动中国人物"的评选活动中，群众参与投票总数近一亿。这其中的每一张选票，都表达了人们对英雄模范的崇敬之情，寄托着对伟大祖国的美好祝福。

　　一个民族不能没有英雄，否则这个民族就不会强大。当国家危难之时，懦弱者选择了逃避、妥协甚至投降，英雄们却挺身而出，用热血捍卫民族的尊严，人民的幸福。在创立和建设新中国的伟大历程中，涌现出无数可歌可泣的英雄模范人物。他们之中，有为了民族独立和人民解放而英勇牺牲的革命先烈，有为了党和人民的事业而不懈奋斗的优秀共产党员，有在全民族抗战中顽强奋战、为国捐躯的爱国将士，有英勇杀敌的战斗英雄和革命群众，有积极从事进步活动的著名民主爱国人士和国际友人……他们是民族的脊梁、祖国的骄傲，是激励全体人民团结奋斗的精神力量。

　　《100位新中国成立以来感动中国人物》丛书，就像一部星光璀璨的英雄谱，真实、完整地记录了英雄模范人物不平凡的一生，再现了他们非凡的人格魅力和精神世界。舍身堵枪眼的黄继光，拼命也要拿下大油田的王进喜，中国原子弹之父邓稼先，新时期领导干部的楷模孔繁森……一串串闪光的名字，一个个动人的故事，犹如群星闪烁，光耀中华。

　　当今中国正处于伟大变革的时代，迫切需要涌现出一大批勇于承担历史使命、为祖国和人民奉献一切的先进人物。在"双百"人物崇高精神的引领下，在建设社会主义现代化国家的征程中，必将英雄辈出。

生平简介

谭千秋（1957–2008），男，汉族，湖南省祁东县人，中共党员。1982年参加工作，生前系四川德阳绵竹市东方汽轮机厂所属东汽中学学生工作处主任，四川省特级教师。

谭千秋从教26年，教学成绩突出，多次受到表彰奖励。担任中学教导主任以后，他致力于学校的教学改革和创新，为提高教学质量做出了积极贡献。在日常工作中，他非常爱学生，在校园里看到一块小石头都要捡起来，生怕学生们在玩耍时受伤，被同事们称为"最疼爱学生的老师"。2008年5月12日，四川汶川发生强烈地震，波及绵竹。在地震中，东汽中学一栋教学楼顷刻坍塌。当时，谭千秋正在这栋教学楼的教室里上课，他迅速组织同学们向楼下疏散。当他得知有几个同学还没有离开，立即从三楼返回四楼。看到水泥天花板即将坠落，危急时刻他奋不顾身扑了上去，用双臂将四名高二（1）班的学生紧紧地掩护在身下。5月13日晚上，当人们从废墟中将他的遗体扒出来时，他的双臂还是张开的，趴在讲台上。手臂上伤痕累累，脑袋后部被楼板砸得凹了下去。四名学生在他的保护下成功获救，可是他却献出了自己宝贵的生命。他被追授全国抗震救灾优秀共产党员、抗震救灾英雄等荣誉称号，并入选"100位新中国成立以来感动中国人物"。

1957-2008
[TANQIANQIU]

◄ 谭千秋

目录 MULU

书生的血性与接力（代序）

湖南大学党委书记　刘克利

2008 年 5 月 12 日，汶川大地震骤然降临，绵竹东汽中学正在上课的教学楼在急剧摇动中塌陷！紧急时刻，有一位教师毫不犹豫张开双臂，用自己的血肉之躯保护四个学生，学生得救了，而他自己却壮烈牺牲！这位血性汉子名叫谭千秋，是我同年级同学、湖南大学 77 级政治师资班的毕业生。

谭千秋的名字传回家乡湖南，时任湖南省委书记张春贤盛赞谭千秋是一个伟大英雄，其身上所体现的正是湖南人勇于担当的湖湘文化的精神。在我看来，这也是一种湖湘的血性精神。

5 月 16 日傍晚，夜色斑斓，当谭千秋的妻子张关容女士带着他的遗物飞抵长沙之后，湖南大学校园哀乐低回，两万多名师生员工手捧蜡烛，以庄严的列队迎接这位英雄学长的魂归。"千秋学长，湖大的骄傲；千秋学长，一路走好！"的呼号响彻云霄，在千年学府湖南大学的上空久久徘徊，挥之不去，表达着师生们对这一湖南血性精神的崇高敬意。

近代学界盛赞的"湖南人精神"，其实所指就是这一种血性精神。这种血性饱含着心忧天下，敢为人先和勇于担当的精神，在关键时刻，总会从师生员工的胸中喷涌而出，绚烂无比。这种血性在这座千年庭院，从来就不曾缺席，就像从岳麓书院到湖南大学的办学历程一样，虽历尽沧桑，却傲然挺立，延绵千年。

就在这座千年庭院，也是同样的 5 月，102 年前的场景如出一辙。万余名师生和各界群众，身穿白衣，手举挽联，绵延数里，迎接另一位学子魂归母校，公葬岳麓山。大家齐声高呼："如有人出面阻葬，则必坚持不让。"这位学子就是中国同盟会的发起人之一、《猛回头》和《警世钟》的作者陈天华。1905 年 12 月，因反对日本颁布的《取缔清国留日学生规则》，他忧时感事，跳海自沉，希望以自己的一腔热血擦亮晚清的夜色。

10 年之后，又一位学子同样为警醒国人，选择了与陈天华几乎同样的方式结束了自己的生命。稍有不同的是，彭超不是跳海而是投江。1915 年，袁世凯同日本签订"二十一条"。农科班学生彭超断指血书"立志不愿顾国破家亡"九字，寄给当时的湖南督军汤芗铭，以表义愤和抗议。而当湖南各校组织游行活动被破坏之后，彭超写下 5 封遗书，于 5 月 24 日投入湘江自尽。彭超虽然走了 90 多年，但他血性的一跃并没有被无情的时光带走，他临走时的呼号依然如在昨日："吾将提灯走街市，遍告国人，国安在? 国安在?"

　　有其生，必有其师。从古代书院到现代大学，千年学府一代代贤师为人师表、勇于担当、心忧天下的血性，为学子们树立了不朽的标杆。为了蛮荒之地的教育，岳麓书院第一任山长周式，居然敢冒天下之大不韪，违扰皇命，拒绝宋真宗所恩赐的国子监主簿的任命，甘心执教乡野；因痛感明朝将亡，明代岳麓书院最后一任山长吴道行，绝食而死；而师长谭嗣同与学子彭超舍生取义、慷慨陈词的语气一模一样。当戊戌变法失败之后，谭嗣同本可从容转移，避开追捕。可是他甘愿被捕，并掷地有声，如雷贯耳："各国变法皆有流血牺牲者，愿从嗣同始!"悲壮就义。

　　更加令人震惊的是，这种悲壮的场面居然被千年学府的师生们集体上演过多次，血性张扬，气壮山河，尤以潭州（长沙）保卫战更为惨烈。南宋末年，元兵围攻潭州城，在潭州知州兼湖南安抚使李芾因援兵未到的绝望之际，在城破家亡的危急时刻，岳麓书院数百名师生，放下书本，抓起兵器，义无反顾地登上城墙，奋勇杀敌，前赴后继，十之八九在战斗中壮烈牺牲。

　　至于投笔从戎，对于从千年学府里走出来的书生们，更不在少数。且不说力主抗击英俄侵略、率军西征、收复新疆失地的军事天才左宗棠等"中兴将相"，就连以著述立身的思想家"六经责我开生面"的王夫之和中国"睁开眼睛看世界"的第一人魏源，也都曾奔赴疆场，金戈铁马。

　　王夫之在岳麓书院就学四年，深受爱国主义传统的影响，曾创立"行社"，反对空谈，结立"匡社"，"匡时济世"。就是这样一位以著述立身的思想家，在明亡之后，居然在衡阳举兵抗清。而提出"师夷长技以制夷"的魏源，身为林则徐的至交好友，除了极力支持林则徐在广东禁烟之外，还躬身甘作林则徐的幕僚，在浙东抗英战争中立下了不朽的战功。

"为有牺牲多壮志。"曾经在岳麓书院寓居、探求救国救民真理的毛泽东主席一语中的。也许由于年代久远，战火纷飞，书生们的壮志难以一一考究，但是，书生们的血性日月可鉴。那是保家卫国的血性，那是民族大义的血性，是偶然的，也是必然的，是传统的，也是发展的。

看看湖南大学校史册上那一长串的烈士名单吧：被捕就义的蔡和森、唐才常、邓中夏，英勇战死的方维夏、黄鳌、邓乾元，被国民党特务暗杀的何孟雄、高继青、王德恒，等等，等等。每每念及一个名字，每每翻动一页名册，心中都为之一震。或许，他们在校从教或者就读之时，并非样样优秀，甚至还有些许普通和平凡，但是，在祖国和人民需要他们的那一刻，在血性喷涌的那一刻，他们无不体现着这座千年学府的血脉和精神。

历史的一页翻到今天，千年学府师生的血性也接力到今天。为了救一名落水的小学生，刚刚在工作单位报到之后回乡的 1993 级学生申卫民，毅然跳进深深的水库，小学生得救了，申卫民却停止了呼吸；为了夺回他人被抢的钱包，2003 级的小女生高春娜，与手握尖刀、身高一米八几的歹徒进行殊死搏斗，这难道只是一时之勇？不言而喻！这批 70 后、80 后、90 后的学子们，已经接过了那些可歌可泣的师长学长们身上洋溢的血脉因子，血气方刚，一如既往！

美哉，血性！壮哉，接力！从这座千年庭院逶迤而出的，究竟还有多少血性书生？

数也数不清！其实也不用再细数下去了。因为血性的书生们总会应时而生！值得我们深入思考的是，这种血性是如何构成的？它的源泉究竟在哪里？为什么这种血性精神千余年来能够不间断地得以传递和接力？这时，我们自然会想到中华民族数千年积淀的优秀文化传统，想到历史无数代表着这种优秀传统的民族脊梁，想到浓缩这一优秀传统的湖湘文化精神，想到传递这一优秀文化传统的千年学府的学脉……

千秋大爱

引子：最后的奉献

花开了

你走了

在那个静静的下午

你走吧

放心吧

你的花还在盛开

最后的奉献

是心甘情愿

你用双臂去撑起一片蓝天

最后的奉献

是心甘情愿

那些花开在你的心田

开在你的心田

那一瞬，他张开双臂护住四个学生

★★★★★

2008 年 5 月 14 日 13 时 47 分，新华网播发了记者田雨和孙闻合写的通讯《双臂护住四个学生——德阳市东汽中学遇难教师谭千秋的最后奉献》，与此同时配发了摄影记者王建华拍摄的两张照片。这篇连标题带标点仅 938 个字的报道，让一位普通的中学老师感动了德阳，感动了四川，感动了湖南，感动了中国! 让世人记住了一个平凡的湖南人的名字——谭千秋!

"那四个娃儿真的都活了吗? 昨天晚上就听说有个老师救了四个娃儿，我哪知道就是你……"张关容扑到丈夫的遗体上放声痛哭。

深夜的德阳市汉旺镇，冷雨凄厉，悲声

四起，呼啸而过的救护车最能给人带来一丝慰藉，那意味着又有一个生命在奔向希望。

5月13日23时50分，救护车的鸣笛声响彻汉旺镇——中国地震应急搜救中心的救援人员在德阳市东汽中学的坍塌教学楼里连续救出了四个学生。

"我侄女是高二（1）班的学生，要不是有他们老师在上面护着，这四个娃儿一个也活不了！"被救女生刘虹丽的舅舅对记者说。

"那个老师呢？"

"唉……他可是个大好人，大英雄噢！"说着，刘虹丽舅舅的眼圈红了。他告诉记者，那是一位男老师，快50岁了。

13日一早，设在学校操场上的临时停尸场上，记者从工作人员手中的遗体登记册里查到了这位英雄教师的名字——谭千秋。他的遗体是13日22时12分从废墟中扒出来的。

"我们发现他的时候，他双臂张开着趴在课桌上，身下死死地护着四个学生，四个学生都活了！"一位救援人员向记者描述着当时的场景。

谭老师的妻子张关容正在仔细地擦拭着丈夫的遗体：脸上的每一粒沙尘都被轻轻拭去；细细梳理蓬乱的头发，梳成他生前习惯的发型。谭老师的后脑被楼板砸得深凹下去……

当张关容拉起谭千秋的手臂，要给他擦去血迹时，丈夫僵硬的手指再次触痛了她脆弱的神经："昨天抬过来的时候还是软软的，咋就变得这么硬啊！"张关容轻揉着丈夫的手臂，痛哭失声……

就是这双曾传播无数知识的手臂，在地震发生的一瞬间从死神手中夺回了四个年轻的生命，手臂上的伤痕清晰地记录下了这一切！

"那天早上他还跟平常一样，6点就起来了，给我们的小女儿洗漱穿戴好，带着她出去散步，然后早早地赶到学校上班了。这一走就再也没回。女儿还在家里喊着爸爸啊！"张关容泣不成声。

"谭老师是我们学校的政教处主任，兼着高二和高三年级的政治课。"陪着张关容守在谭老师遗体旁的同事夏开秀老师说，"在我们学校的老师里他是最心疼学生的一个，走在校园里的时候，远远地看到地上有一块小石头他都要走过去捡走，怕学生们玩耍的时候受伤。"

操场上，学生家长按当地习俗为谭老师燃起了一串鞭炮……

△ 德阳东汽中学学生被抬出废墟

→ 那一刻，我们泪飞如雨

☆☆☆☆☆

作为记者，爆炸现场血肉模糊的残肢，难民营里孤苦无依的眼神，都曾令我心痛。但与采访对象一起哭，流着眼泪写稿子，对新华社记者孙闻来说还是头一回。在这个时候，他感觉到只有泪水才能表达我们对人性的崇敬，对博爱的礼赞！

从映秀回到成都，孙闻看了网友们在记述谭千秋老师事迹的那篇报道后的跟帖，泪水再一次夺眶而出。那些写满感恩与崇敬的文字，再次把孙闻的记忆拉回到了那次震撼心灵的采访。

13 日 23 时 50 分，孙闻、田雨、王建华等新华社记者一行随国家地震灾害应急救援队抵达德阳市汉旺镇东汽小学操场外。一辆救护车从他们身边急驰而过，停在不远处。

几位救援人员抬着一个刚刚从东汽中学废墟里扒出来的女孩，飞奔着往救护车上送。

"你叫什么名字？"田雨贴在女孩儿耳边问。

"刘虹丽。"女孩儿用微弱的声音回答。

救护车拉着女孩儿呼啸而去。旁边一位中年汉子看着远去的救护车，一下子瘫软在地，啜泣着。他就是刘虹丽的舅舅，就是他告诉孙闻，刘虹丽是被她的老师救下来的，同时被救的还有三个孩子，已经被送到医院了。

孙闻心头一震，感动与战栗触电般地袭遍全身。

东汽小学的操场上，白色的塑料袋包裹着一堆一堆的"东西"，有序地码在地上。远远看去，

△ 张关容在丈夫谭千秋的遗体旁痛哭

孙闻以为是救援物资，想上去找瓶水喝。哪知走近一看，竟是一具具尸体！都是从东汽中学废墟里挖出来的，停在那里等待家属认领。

操场边上，一个年轻女子正哭着不停地念叨："明天就要埋了，他妈妈在湖南，大女儿在北京，电话也打不通，总得让他们看上一眼吧。我可咋向他们交代啊。"

一位东汽集团的工作人员告诉孙闻，他们两口子都是东汽中学的老师，她丈夫的遗体是一个多小时前从废墟中挖出来的。

"会是那位救人的老师吗？"看着那个女子失魂落魄的样子，孙闻实在不忍上前打扰。

是夜，孙闻一直守候在东汽中学救援现场，

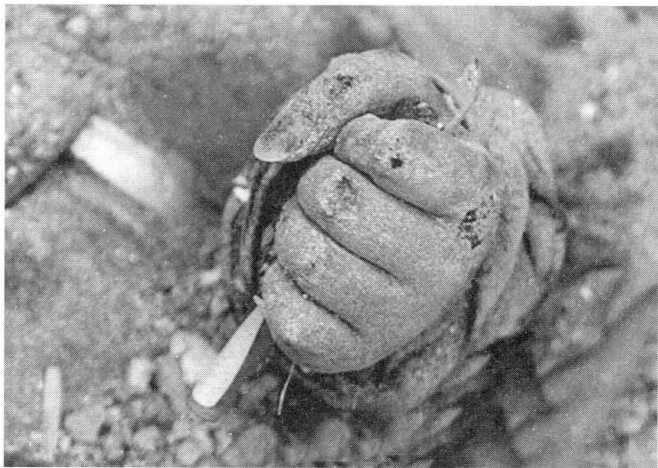

△ 这是5月16日晚拍摄的四川省绵竹市汉旺镇东汽中学发掘现场的一幕——一名死难学生手里紧紧攥着一支笔

期待着救护车的警笛再次响起——因为只有它才可以证明又有生的奇迹发生！但直到 14 日清晨，变化的只是遗体登记册上的数字，从 31 变成了 52。田雨拿着登记册的手在抖，他低下头，眼泪不停地滴到地上。

负责登记的工作人员指着南边第三具遗体告诉记者，那就是那个救了四个学生的老师——谭千秋，东汽中学政教处主任。旁边正在为谭老师整理遗容的，是他的妻子，叫张关容。

孙闻走过去一看，正是昨晚那个失魂落魄的女子。此时，她神情平静，正在给丈夫换上一件干净的衣服。采访是在谭老师遗体旁进行的。当从孙闻嘴里得知丈夫就是那个舍身救人的老师时，张关容捶打着丈夫痛哭失声："那四个娃儿真的都活了吗？昨天晚上就听说有个老师救了四个娃儿，我哪知道就是你这个傻儿哟……"

"我哪知道就是你这个傻儿哟……"，"你为啥子就不知道救救自己哟……"此时的孙闻相信，这些埋怨是发自这个弱女子内心最真实的呼喊！但同为人民教师的她，首先想到的还是"那四个娃儿真的都活了吗？"

楼房倒塌的一瞬，谭千秋把生的希望留给了学生；承受丧夫剧痛的张关容，在妻子和老师这两个角色之间，同样首先选择了后者。职业操守战胜了本能懦弱，面对死神，人性闪光！

"我哪知道就是你这个傻儿哟……"，"你为啥子就不知道救救自己哟……"张关容这两句话最让孙闻感动。这说明她是个有着对亲人眷顾的普通人，有着跟你我一样的普通人的情感。

正因为她是普通人，她对学生生死的优先关注才让人感佩！

但稿件发出时，孙闻发现这两句话都被删掉了！社里的编辑想把她塑造成一个"高大全"式的人物，出发点是善良的，但实在是忽略了普通人的人性和情感，令人遗憾。一定要还原感性，还原她作为一个人，一个女人，人性的本真。这也是孙闻后来写下那篇采访札记的初衷！

与张关容交谈时，孙闻一直强忍着泪水。张关容哭着告诉他，他们的小女儿是 2006 年 12 月 9 日出生的，"才一岁五个月，她还在家里喊着爸爸，可爸爸在哪里？爸爸在哪里哟！你可要记住你爸爸的样子啊！"

孙闻拍了拍她的肩膀，试图安慰她，但她的

△ 记者孙闻在现场采访中安慰谭千秋的妻子张关容

这句话却像一把刀子，割开了他自己情感的闸门，他顿时泪飞如雨——孙闻的女儿比他的女儿大十天！为人父的，哪个不想用自己的羽翼呵护着孩子快乐成长，哪个不愿享受与孩子在一起的天伦之乐？谭千秋用自己的臂膀救下了别人的孩子，危急之际，大爱无边！

作为记者，爆炸现场血肉模糊的残肢，难民营里孤苦无依的眼神，都曾令孙闻心痛。但与采访对象一起哭，流着眼泪写稿子，还是头一回。在这个时候，只有泪水才能表达我们对人性的崇敬，对博爱的礼赞！

→ # 那一刹，巨大黑幕被撕开第一道亮光

★★★★★

5月14日，地震发生刚刚两天，人们还沉浸在巨大的震惊和悲痛当中。如果我们把汶川大地震这场灾难，比作一道突然降临的黑幕，

谭千秋老师的故事就是撕开这道巨大黑幕的第一道亮光。

13日晚，国家地震灾害紧急救援队冒雨赶到绵竹市汉旺镇，新华社摄影记者王建华随队前往，新华社是最早抵达东汽中学采访的媒体之一。东汽高中又是一座受损严重的学校，数十具遇难学生的遗体在操场上排开，有的被领走，又有新的被拉来，家长的哀号之声直哭得人心胆俱裂。

后来王建华翻看了一下报道，东汽高中是一所四川省重点中学，在地震中倒塌了一栋有10多间教室的教学楼，200多名学生被埋。广东边防官兵经过努力，在东汽中学废墟中救出了42名学生，挖出尸体100多具。

14日的清早，王建华刚刚钻出军车，就听到操场上有啜泣声传来。一名男子正紧紧搂着伤心欲绝的妻子，他们是遇难学生陈竹的父母。陈竹的母亲几次哭得昏厥过去，又被丈夫掐人中救醒；救醒又哭，哭完又昏倒。

时间稍晚，越来越多的家长开始聚集到广场上。忽然看见一名女子在另外两名女子的搀扶下踉跄而来，在一具尸体前忽然停住，泣不成声。她呼喊着：我要看我要看！但是掀开那块塑料布后，她只看了一眼，就昏了过去。

正当记者们在紧张地采访和拍摄的时候，忽然发生了一次强烈的余震，两侧的楼房簌簌作响，一些本已松动的瓦砾砖块噼啪落下，受惊的人群迅速向广场的中央集中。一位正在处理孩子遗体的女子情绪失控，她不停地哭诉着：老天爷啊，给我

△ 谭千秋

们留条活路吧!

王建华拍这些照片的时候,一直强忍着泪水。眼前景象不由得让人感叹,面对这样一场巨大的灾难,生命是多么的脆弱。

那张大家都很熟悉的英雄教师谭千秋的照片,也是在东汽广场上拍摄的。5月14日,新华社以《那一刻,他张开双臂护住四个学生》为题播发图文互动稿件,报道了谭千秋老师的事迹,文字由孙闻撰写,照片就是王建华拍的。但是谭千秋老师的事迹是怎么被发现的,背后还有一段小故事,这还得从他们13日深夜刚刚抵达汉旺镇的那一刻说起。

5月13日深夜,刚刚抵达汉旺的孙闻、田雨和王建华迫不及待地跳下军车了解情况,就在这时几个人抬着担架跑过来找救护车。赶到汉旺后拍到的第一张照片,就是一名幸存者,不能不说是一种幸运。这名获救的高二学生叫刘虹丽,当我们询问她获救原因的时候,一个感人的事呈现了出来。

刘虹丽的舅舅告诉王建华,在地震发生的一刻,她的高中老师张开双臂,把自己的身体挡在学生的上面。老人家并不知道老师的名字，只说是位政治老师，王建华他们目送这位老人在雨中离去，还听见他嘴里不停地念叨着："好人哪！好人哪！"

△ 官兵们在四川绵竹市东汽中学重灾区搜救受伤群众

没想到第二天早晨,王建华他们竟在东汽操场上"找"到了这位"好人"，只是此时他平静地躺在一块白布下面，一旁是伤心欲绝的妻子。他的妻子张关容此时还不知道她的丈夫在生命的最后一刻，张开双臂，为身下的四个孩子赢得一线生机，谭老师的故事只能由幸存者和救援人员来讲述了。

张关容含泪为谭千秋擦拭身体的照片播发后，反响之大，出乎王建华的预料。这组照片不仅被国内 200 余家媒体采用，而且在各电视台反复播出，在网友评选的抗震救灾十大动人瞬间中，也有这张照片。

王建华后来回想，能够发现谭千秋的故事，除了记者的敏感性之外，和他们较早地抵达东汽中学有直接的关系。设想一下，如果他们 13 日晚上没有到达东汽中学，他和孙闻、田雨就可能没法遇到那个学生，遇不到这个学生就可能不知道她后面隐藏的感人故事。

有时候王建华会这样想，5月14日，地震发生刚刚两天，人们还沉浸在巨大的震惊和悲痛当中。如果我们把汶川大地震这场灾难，比作一道突然降临的黑幕，谭千秋老师的故事就是撕开这道巨大黑幕的第一道亮光。

➔ 那一天，我永远的记忆

☆☆☆☆☆

地震以来，张关容很不愿意再去触碰那片记忆，每次想起压在钢筋混凝土下的丈夫，她只有钻心的疼。

汉旺广场上的钟永远停留在5月12日下午2时28分，无数人的生命也跟钟楼上的时针和分针一样，永远停止。其中包括我的丈夫谭千秋，一个普通的东汽中学老师，一个好人，他有正读北大的引以为豪的君子，有刚学会喊爸爸，刚开始会走路，天天都让他放心不下的小仙子。还有我最熟悉的14位东汽中学的同事。昨天，还和他们有说有笑，今天就和他们永远不能再见。还有天天相对的几百个年轻的学生，他们的人生才刚开始，他们什么都来不及经历，他们的父母已到中年。一切都跟一场噩梦一样，突然之间，最爱的老公，最熟悉的同事，最好的朋友，最在乎的学生，都没有了。老公，我好想你！同事，我好想你们！同学，我好想你们！

到现在，谁都不愿意相信5月12日中午的那顿午饭，会是和亲人吃的最后一顿饭。太平常不过的一个下午，我几乎都记不得老公最后说的是什么。甚至现在都一直觉得，他还在家，还在办公室，还在教室上课，也许以后的某一天，我们还会见到他。

我是从一楼的办公室跑出来的，现在想起来，生与死其实太近了，我离死只有不到

△ 汉旺镇大钟永远停留在5月12日下午2时28分

10 米的距离。瞬间的地震，让数万的人失去生命，让数万的幸存者承受失去亲人的痛苦。四层的教学楼，转眼就倒了。找到仙子再回学校，我只想找到谭千秋。

天都灰蒙蒙的。小操场和大操场都是跑出来的学生和老师，一堆一堆的，有好多受伤的。问遍了，也找遍了，都没有看见谭千秋，嗓子喊哑了，废墟上都爬遍了，也没有听见他的一点声音。有同学说看见他在组织学生，可是更多的都说没有看见，连高二（1）班的学生，我也没有找到。后来我知道他已经跟他的学生一起，埋在教学楼里了。

我一直都在侥幸，知道他埋在里面了，我还想也许他回家找我和仙子了；已经等了一天一夜又一天了，我想也许他只受了一点点伤，他肯定能出来，我还到厂里的急救中心去找他的名字，我害怕万一他已经被送到哪个医院，万一看不见我该怎么办；他已经停在小学操场了，我想也许是医生诊断死亡时出了错误；现在已经过了这么久了，我还奢望他还能再活过来，如果他还能听见，我只想对他说一句话：老公，我跟仙子都活着！我想这也许是他最想听见的话，可惜他再也不知道现在的一切，不知道他最爱的妻子和女儿，现在和以后会怎样。

东汽中学的校门口，都是等待自己孩子的家长。东汽厂的领导和志愿者，第一时间出现在现场！后来有二重的，有东电的，有其他地方的，吊车也开进来了，发电机的声音淹没了哭声。等待太漫长。时间一分一分过去，再一小时一小时过去，从充满希望到希望变小，再到几乎没有什么希望，再到麻木的侥幸。

没有什么时候比现在更真切地体会到时间就是生命。天黑了，门口不停地换着救援的队伍，余震不断，救人的速度越来越慢，有人说军队要来。后来来了支队伍，大家又充满了希望，可是后来军队撤了，说是上级命令。后来才知道这支队伍是半路被喊到学校来救人的。真正来的军队，应该是第二天下午以后。

挖出来的伤员不断地被送走，前面的基本都是受伤的，第一个掏出来的尸体，是一个女生，应该是当日的深夜了，她的妈妈认定了后，把女儿放在一块板子上，哭着，后来笑着，周围没有一个人说话，开始下雨了。

挨着我旁边等待的是我学生边楠的父母。边楠，很漂亮的一个女孩，从初一到高三，我几乎看着长大的一个女孩，当时她父母说，喊她名字，她还在回答，爸爸我在这儿。可是后来见到她父母的时候，却是在东汽小学的操场上，东汽小学的操场，是停放中学遇难尸体的地方，边楠也在其中。

我手里拿着一瓶矿泉水，也不知是谁给的，只想等有老公的消息，可以给他喝，那一夜，我没有喝一口水，也没有吃东西，几乎所有人都一样。我穿着老公的衣服，还拿着老公的一件厂服（虽然早已不是东汽厂的人了，但是老公酷爱厂服），希望他出来的时候，还有衣服可以裹一下，当时，我外面还穿着一件黑色的雨衣。这些都是地震以后，爸爸在家里房子倒了以后从拱星来汉旺找我时带给我的。他找到了仙子和我妈，找到了我，却没有再见到千秋。爸爸、仙子和妈在我家后面的桥边等，那一夜，他们就在桥边睡了一夜。我不知道从来都只跟妈妈睡的仙子在雨中是怎么度过的，只知道妈妈用仅有的、别人给的冷矿泉水就着米糊糊和牛奶让仙子吃了几天，她开始不吃，后来很饿了，就开始慢慢吸。爸爸来回在学校和家属区的桥边走，等待着千秋的消息。

第二天早上，千秋还没有出来，而汉旺的人，多半都转移到德阳去了，我让爸带仙子回拱星家，虽然家已成平地，但至少周围还有爸的亲人，可以互相照应。第二天，也就是13日，雨一直下，很大。爸推着车，妈背着仙子，走回远在18里外的家，仙子全身已经湿透了。在路人给的一小块塑料袋里的她，只露出一双眼睛，她居然一路上都懂事似的没有哭。听说后来姑爷和叔叔帮忙搭了个棚子，仙子就一直和爷爷婆婆住在那里。

爸他们走了，走的时候，把车里唯一的雨衣留给了我。雨好大，天亮之前都盼着天亮，因为晚上光线不好，有学生家长用摩托车光照着，等到白天，又开始下雨，救援依旧缓慢。什么时候才能等到亲人出来，他们在里面是生是死？他们也许受伤，一直在流血，他们也许一点伤都没有，一直在盼着快点有人来救。第二天下午开始，救援的速度快了起来，但是活的却越来越少，救护车排着，出来一个活着的就送到厂门口左侧的救护中心（本来值勤的工作人员不准进的，我是硬闯进去看有没有千秋的名字），如果是断气的，就会用门板由救援的人抬到东汽小学去。每抬出来一个，人们就拥过去看是否是自己的亲人。头一天，很多学生留下来抬。学生们比平常都懂事，都乖。我记得初三（1）班的一个叫杨奥的同学，和初三（6）班英文名叫 Jet 的学生，一直从残存的办公室窗口钻进去救同学，还有一个男生，一直在大树那边倒塌的教学楼旁掏着同学。

从有着一线希望，到第二天天黑的时候，我只想着活要见人，死要见尸，哪怕是死，也想千秋快点出来。夏姐和她儿子一直陪着我，我们从倒了的小卖部下掏吃的，因为那时有钱也买不

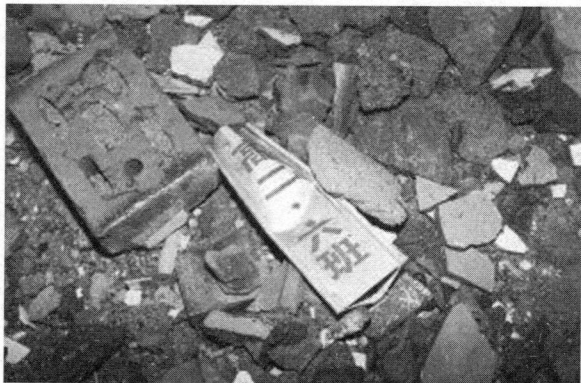

△ 震后的东汽中学高二（6）班教室

△ 废墟下的实验报告册

到吃的和水，后来校长也给我拿了吃的。可哪有心情吃东西，夏姐说一定要吃，不然就没有力气等下去了，我们就开始吃，不是吃，应该是硬塞了点东西。夏姐劝我到她老公的单位去待一晚上，明天再来。雨好大，我还是决定在学校守着，我一定要等着千秋出来，虽然走了半个多小时才到运业公司，但是在车上只待了几分钟，我又偷偷地跑回了学校。

因为雨好大，能避雨的地方又很危险，在学校等的人没有多少了。我和高二（6）班的学生杨万飞的妈妈在一起，她给了我一个鸡蛋和几块饼干。我们用捡的一块塑料布在食堂旁边的花园里绷了个棚子，同在里面的还有紧挨中学的汉旺小学的一个家长。这学期我刚教高二（6）班，杨万飞是我的英语课代表，每天早早的和李丹帮我抱备课本，领读。他还是学校的体育部长，就在前一天，他还在和老师一起组织运动会，我把相机给他，他还给同学照了好多相。可是我们班的 45 个同学，除了我从电视上知道的可乐男孩薛潇，截肢的李春阳，唱国歌的肖恒，还有李丹、景超，听说只有 11 个同学幸存。上午我还给他们上课，还给他们说明天的课要是谁表现好，我就会送《英才是怎样造就的》给他，可是，好多同学，我却再也看不见他们了。

身上湿透了，鞋子因为在雨中走来走去也破了，后来有人捐来一些衣服和鞋子。我要了一条裤子，一双鞋子，后来才发现，两只脚上的鞋子都是左脚。

因为从地震开始就一直没睡，一会儿就迷迷糊糊，周校长是怎么找到我的，我也不知道。他把千秋的手机给我，说要我有思想准备。我跑到校门口，他们说千秋已送到小学操场，还有人说千秋好像被掏出来时还活着，还坐起来了。同事林正平的老公是东汽医院的医生，他带我到了操场，他说他还要救其他的人，跟救护车回学校去了。林正平刚和他结婚不久，也

△ 东汽中学教学楼在地震中完全被摧毁

△ 墙上密密麻麻贴着遇难学生的认领照片

在教学楼下，还没有出来。后来听说，她肚子里还有两个月的孩子，她和她未谋面的孩子，都遇难了。

东汽小学操场上，放满了学生的尸体，都用塑料布裹着，有几个被家长认领的，上面已经盖了床被子。我到工作人员那里问有没有老师抬来，他们说有一个，52号。在尸体中间，我看到我老公了！他和学生躺在一起，也是用塑料布裹着的，我看到了他的白衬衣，他的裤子，他的脚，一切都那么熟悉。老公，平时你该在家里睡觉的，为什么现在却躺在冰冷的地上，没有一点知觉。操场上除了发电声，除了远处的工作人员，没有一个人，只有一排排遇难的尸体。我把那瓶水放在老公旁边，把衣服搭在他身上，雨衣也搭在他身上，大哭。我该怎么办呀？会不会你没有死，是医生看错了呀？我跑回学校，他们说医生都是轮流的，不知道是哪个医生诊断的。

又跑回操场。有人找我，是君子的妈妈龚姐。我们抱头痛哭。

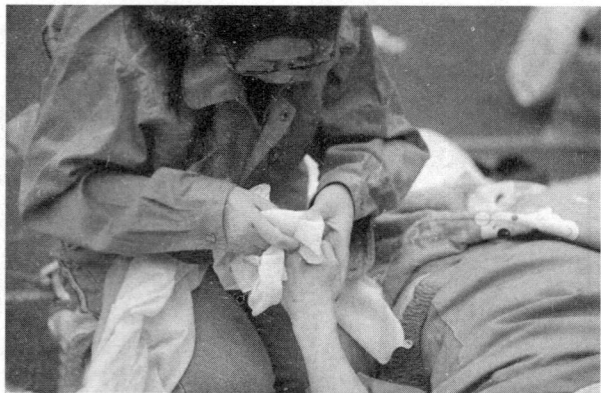

她带我回她的家（广场上的篷子），给君子打电话叫她马上从北京回来，给湖南那边打电话（那时汉旺打不出去电话，只有到绵竹才打出去了），通知他们千秋过世了。龚姐是一个理智的、能干的重情重义的好心人，她一直陪着我，直到君子回来见她父亲最后一面，直到送千秋去火化，她一刻也没离开过。她说以后我们就是姐妹，她会照顾我，也照顾君子和仙子。龚姐，叫我怎么感谢你，我的身上没有钱，爸妈也联系不上，是你给我钱陪着我去给千秋火化的。

第二天早上一早，我们给千秋换衣服，他脸一点都没有变，只是眼睛、鼻子、嘴巴里都是沙子，头发里也是沙子，头上有个坑。白衬衣上都是血，可身上的皮肤好好的，脚上鞋子不见了。我冲回家去拿衣服，找他的最好的衣服、裤子、袜子，可是家里的墙都开裂了，衣柜斜倒在床上，我撕开罩子爬过去找衣服，他的衣柜里，居然找不到几件好的，我平时给他买衣服，回家他总要说我浪费，后来又看见他穿上，真的很帅。我拿了他盖的被子，拿了他最喜欢的衣服，拿了我缝的棉睡衣，我希望他盖着，会带着我对他所有的爱，安详地睡去。就像有我陪着他一样，不管去哪里，他都不孤单。

用毛巾给他洗身子、洗手洗脸，想让他干干净净地走，想让君子看见他的时候不会看见他满身的沙子。

我摸他手的时候，他的手忽然好软，我觉得他一定还有知觉，不然怎么任由我去抚摩，那么软，传说死的人见到亲人，才会这样。老公，你一定知道我现在在你身边，你一定听见了我在为你哭泣，你一定很想睁开眼睛再看看我，看看仙子、君子和你的学生，只不过，你努力地睁却睁不开眼睛，努力地想说却说不出来，才用这样的方式表达出来。

△ 谭千秋抱着小女儿谭仙子在汉旺广场

君子回来了，刚好赶上我们去火化，她见到爸爸的时候，已经是下午了。千秋的脸已经变色了，因为那天太阳很大。

我永远都忘记不了火化的时候，把他放进火炉的那一刻，推进去，大火立刻包围了他，然后落下去，门关了。老公，我好心疼！我的世界一片空白。点的鞭炮，只响了三个，就断线了，时间过得特别慢，火炉的门，一直关着，我知道，老公一定舍不得我们。舍不得他含辛茹苦养大的君子，舍不得也最放心不下刚会走路、刚学会喊爸爸妈妈的小仙子，也舍不得在一起十年的我。老公，你是一个好爸爸好丈夫好老师。天天早上，你都那么早起床，叫仙子起床，抱她，给她穿衣服，喂饭饭，因为我晚上带孩子，白天课也很多，有早读也有晚自习。你怕我辛苦，想让我多睡会儿。然后你叫我起床，分开去上班（因为怕仙子攥路）。下班，我们就回家抱仙子转一圈，直到我爸妈做好饭。然后一家人围着仙子，给她喂饭，你总说，仙子吃了我们大人才吃。在我们家，你就像将军。对仙子的一点小事，你都当作一件大事，还经常发短信和君子分享仙子成长的事情，你给她们起这样的名字，就想把她们的姐妹之情联系得更紧。

可是你走了，再没有人会这样去爱我们和仙子了。仙子还来不及把你放进她的记忆，也许以后她只有从姐姐妈妈口里知道你是一个什么样的人，也许她只能从照片中看见疼她爱她的爸爸长的是什么样的。以前你就说过，假设只用我的工资去养这个家（吃奶粉的仙子、当农民的父母、君子）根本没有办法，我说操心这些干吗，有你呢。没想到居然这句话成真了。是啊，以前有你，出门的时候不管多早有人送，同事都好羡慕。回家的时候有人接，从来没有操心过家里的事，你老说我生活不能自理，没有主见，没有独立性，连生病看医生都要你带着去，

△ 震后汉旺成了一片废墟

可是你就怎么舍得离开我们。你头受伤了，在里面那么久，出来的时候还是软的，我好希望你被埋的时候就是昏迷的，不要去受那么多的苦。可是你对学生还说了话的，你一定坚持了很久，你一定很想活着出来，你一定放心不下我们，特别是小仙子,以后,没有最爱她的你,她该怎么办？她那么小，我一个人怎么把她养大呀？

后来，我把千秋的头发和指甲送回了湖南。与外界几乎隔绝的我忽然发现，千秋已经被全国人民关注，特别是在湖南。千秋生前的同学们，千秋的母校湖南大学，千秋故土的领导，从湖南省委、省教育厅，到衡阳市委、教育局，到祁东县委、教育局，到步云桥镇镇委、镇政府都慰问了千秋的家属，还有湖南所有的媒介，所有的好心人。千秋已成为一种精神，一个在地震中为学生奉献生命的教师中的一个代表。

然而，千秋只是东汽中学一个最平常的教师。我永远记得东汽中学 14 位遇难老师的名字，他们是：谭千秋、谌小红、彭玉明、罗秀芳、薛运才、唐三喜、王樱、王伟光、王科、王定生、林正平、罗晓名、刘思源、杨立清。面对学生的生死，他们没有一个走在学生前面。他们都是我们的英雄。

还有那些学生，一个个鲜活的生命，

△ 官兵在抗震救灾现场东汽中学遗址上手举黄菊祭奠遇难师生

转眼就消逝了。可是，我会记住你们。所有的人都会记住你们。

还有虽然失去亲人，却一直在坚持的同事，周校长、唐主席、黄泽民、李平。

还有在地震中为学生受伤，还在医治中或已回到学校的李发彬、代崇威、彭书琴、刘贤权、尹华明，等等。

还有虽然失去了同事，还一直坚强的东汽中学的所有教师，他们在校长的带领下正在为东汽中学的重建而努力着。

相信东汽中学在全社会的关注下，在全体教师的努力下一定会更好! 我会永远记住在地震中遇难的所有教师和学生，安息吧!

千秋平凡

从湖南省省会长沙出发，要经过了 6 个多小时的跋涉才到达祁东县步云桥镇岩前村。除了一小段高速公路，剩下的全是泥泥坑坑。谭千秋就出生在这里。

　　步云桥是一个小镇，躲在湖南衡阳市祁东县城西面的小山沟里，距离县城有 50 多公里，是祁东县农业人口最多、面积最大的乡镇。小镇处于丘陵和山峰的环抱之中，一条不知名的小河穿镇而过。沿着小河往下游直走 2 里多地，所见到的小村庄就是岩前村。小河平时很温顺，滋润着两岸的生物，可一到下雨天就肆虐起来，涨水的时候，小村就会被包围成一个孤岛。

　　岩前村至今仍然是一个贫穷的村庄，村子里没有什么高楼，几乎是清一色的土砖瓦房，乡亲们大多过着面朝黄土背朝天的生活。现在，农民主要的经济作物是黄花菜。黄花菜吃起来香，但种起来不容易。一年只生长一季，每年六七月份太阳最毒辣的时候，是采摘黄花菜的时刻。乡亲们每天一清早就要起床采摘黄花菜，因为一季黄花菜只能采摘35 天左右,过了那个时段，黄花菜就要开花了,就不能食用了。因此，他们必须争分夺秒地采摘，中午没时间做饭，就喝点稀饭或者吃几个包谷打发。种一亩黄花菜，乡亲们大概能收40斤干黄花，按照市场价每斤6元的价格，收入在240块钱左右。

岩前村的村民大多数人都和谭千秋一样，姓谭。平日里，大家互相称呼起来，从不喊姓，显得特别亲切。

⊙→ 穷人的孩子早当家

★★★★★

1957年8月4日，谭千秋出生在湖南省祁东县步云桥镇岩前村一个普通农家。穷，是那个年代家庭普遍的状态，谭千秋家也不例外。他出生的时候，家里的全部家当是三间加起来不到30平方米的土砖房，一家人靠父亲给人织竹篾为生。谭千秋是老大，下面还有二弟谭继秋、三妹谭翠华、四弟谭桂秋、五弟谭伍桥。生活虽然贫穷，但是全家人对美好生活依然充满了期盼。他爷爷给五个孩子取的名字就寓意深刻，老大叫千秋，承载着全家人的寄托，希望他成就千秋伟业；老二叫继秋，取继承千秋之意，希望他能像哥哥一样辉煌腾达；老四叫桂秋，据说本是叫"贵秋"，取"珍贵的秋"之意，不知后来怎么还是用了"桂"字；老五叫伍桥，老人希望五个孩子就像五座桥，能够心连心，手牵手，兄弟姐妹和和睦睦。

随着家庭成员逐渐增多，本不宽敞的房屋更显得局促。因为谭千秋是家里的老大，又承载着全家的希望，他受到了父母特别的"优待"，一个人住一间房。四个弟妹则和父母一起住一间，还有一间小偏房，用来做饭。

俗话说，穷人的孩子早当家。作为大哥的谭千秋，从小就在责任中长大。由于家境贫寒，家里几乎每顿饭都是以红薯、豆子等杂粮为主，稍好一点也就是红薯米饭。谭千秋总是把米饭让给弟弟妹妹吃，自己就和父母吃红薯。每两个月，母亲会买一点猪肉回来，改善生活。这个时候，家里的小孩就像过节一样欢呼雀跃，都围在灶台旁，看母亲切肉、炒肉，咽着口水闻锅里飘出的香味。母亲有时候会做米粉肉，家里的大人一人一块，小孩子每人两块。这时，谭千秋会把母亲夹到自己碗里的肉再夹出来，分给弟弟妹妹们，自己就和着一点米粉，把饭碗扒干净。

1972 年，谭千秋 15 岁，刚上高中。家里仍然很穷。五兄妹已经有三个开始上学，负担更重了，家里最富裕的时候，就是

△ 谭千秋老家原来的卧室

有100元的存款。作为大哥，谭千秋义不容辞地开始为家里挣工分了。每天上午上课，下午两点下课，然后出工干活。在生产劳动中，谭千秋是出了名的"霸得蛮"。别人干不了的，他干；别人懒得干的，也是他干。一次，开山采石的时候，需要人工打炮眼，一般的人，一天只能打60厘米，而谭千秋一上去，一天能打一米多长。在大修水库的时期，需要各个生产队出劳动力搞突击，谭千秋也是一把好手。一般人怕辛苦干不动的活，也是谭千秋顶上去。"吃得苦，霸得蛮"成了乡亲们对他最直接的评价。

因为母亲身子弱，干活慢，所以每天大伙的活都干完了，她还在工地上忙碌。谭千秋看到母亲这么辛苦，他都是拼命地抢时间，干完自己的活，挣完工分，然后再去帮母亲。回到家以后，谭千秋还要帮助母亲做家务，或者帮助父亲编竹篾。

行侠仗义"孩子王"

★★★★★

　　儿时的谭千秋是村子里的"孩子王"。虽然生活很拮据，但童年对于谭千秋而言，仍是一段美好的时光。因为他聪明，会学会玩，村里的同龄小孩子都喜欢跟着他，孩子们都把他当作大哥看待，谭千秋也尽职尽责当好这个"大哥"。

　　谭国秀是谭千秋儿时的邻居，她经常得到"谭大哥"的照顾。小学二年级时的那个冬天，天气很冷，外面飘着鹅毛大雪，因为怕冷，她不敢去学校。正当她在家犹豫去还是不去上学的时候，门突然开了，谭千秋浑身哆嗦地立在她家门口。原来，谭千秋到了学校，发现谭国秀没有去上课，他又从学校跌跌撞撞地来到谭国秀家，邀她去学校上课，谭千秋只穿了一件单薄的衣服，走了一里多路,来到谭国秀家,见到她时,谭千秋轻轻地问道:"你怎么不去上学啊,不上学可不好啊!"见谭国秀还在犹豫,谭千秋便去找了个小火炉,把她的手搭在火炉上,就这样一步一移地赶到了学校。

儿时的伙伴都对谭千秋评价很高,还在念小学时,谭千秋就和一般的孩子不一样,他特别喜欢帮助别人,一点也不计较自己的得失,如果学校放学时下雨,谭千秋一定会把他的雨伞让给没有带伞的同学,自己淋雨回家。同学们一起去捞鱼、挖红薯,他都会把自己的那份留得少一点,或者干脆给别人。

谭国秀说,谭千秋帮过的人还有很多。有一次,一位家境贫困的同学,交不起学费,谭千秋就把母亲给自己的学费帮同学交了,然后自己回家向母亲撒谎,说学费在路上掉了。那一次,谭千秋为自己的善心付出了惨重的代价,被父亲狠狠地揍了一顿。

在读小学二年级时发生的一件事情更是让谭国秀记忆犹新。那是一个寒冷的冬日,姐弟

△ 谭千秋祁东老家

俩照常一起去上学。半路上，他们发现一个孩子掉进了路边的水坑里。寒风刺骨，孩子在水坑里哇哇大哭。当时还不到 10 岁的谭千秋丝毫没有犹豫，马上趴到水坑旁边去拉落水的孩子。可是由于是下雨天，路十分滑，就在孩子快被拉上来时，谭千秋一滑，也滑进去了。最后，是刚好路过的一个大人把两个孩子都拉上来的。

当时谭千秋的衣服都湿了，最后谭千秋的母亲只好要千秋父亲把衣服换下来给千秋穿。等换完衣服再去学校，就已经迟到了。老师问他们迟到的原因。谭千秋一直不吭声。最后老师说，不说理由就不让进去上课，谭国秀才说出来。老师问谭千秋，做了好事为什么不说出来呢? 谭千秋只是笑了笑。

▷ 当年，谭千秋靠卖竹扫把补贴家用

村里为数不多的大学生

★★★★★

    1974 年，谭千秋高中毕业。由于没有出路，在家务农，两年后被镇里学校的校长谭子民看中，推荐作了民办教师。从此和教育事业结下了不解之缘。

    1977 年，党中央决定恢复高考，这个消息好像一声春雷，唤醒了全国有志青年，谭千秋也是其中的一位。那段时间，他又表现出了"拼命三郎"的性格。作为民办教师，平时的工作是很忙的。白天要上课，晚上又要到生产队干活挣工分，有时候晚上还要给夜校的乡亲上课。每天晚上，回到家都已经是 10 点以后了。但为了按时完成复习任务，他每天晚上要学习到凌晨三四点钟，为了提高学习效率，谭千秋还想了许多让人意想不到的方法。有时候，实在困得受不了，他就

△ 大学时代的谭千秋（三排右二）

△ 谭千秋快乐的大学时光

拿一块毛巾用冷水浸湿，然后顶在头上。有时候，还效仿"悬梁刺股"，找来两根绳子，一端固定在头上的楼板上，另一端打个结挂在耳朵上。这样，如果一打瞌睡，头一低，耳朵就会被绳子扯住，瞌睡一下就醒了。他还发明了"楼板记忆法"，将印象不深的知识点，用粉笔记在楼板上。这样，就可以一边躺床上闭目养神，一边默记知识点，一旦有记不清楚的地方，就睁开眼睛，看看楼板上记的东西。

凭着这种"霸得蛮"的精神，1978 年 3 月，谭千秋以优异的成绩考上了湖南大学，就读政治师资班，成为村里为数不多的大学生之一。

大家庭的顶梁柱

★ ★ ★ ★ ★

1982 年夏末，谭千秋开始在四川绵竹东汽中学任教。此后，谭千秋每个月都要给父母寄生活费。

在二弟谭继秋的记忆中，大哥每个月都要寄 100 ~ 200 元回家，而每逢父母生日的那个月，还要多寄一些。后来，收入渐渐多起来的时候，谭千秋给家里寄的钱也更多了。上世纪 80 年代，大家很流行穿黄军装，谭千秋知道父亲也很喜欢，就在汉旺买了一件军大衣、一双军靴，然后邮寄到家里。

自从谭千秋工作以后，就很少回家，因为在路上的花费比较高，省下这些钱，可以为家里做更多的事情。所以，家里也不了解谭千秋在四川的工作和生活情况。

1988 年，谭千秋的大女儿谭君子出生了，家里人为了表示祝贺，给千秋寄去40元钱，但不久就被千秋退了回来，他在信上说："家里经济紧张，以后不要再寄钱。在经济上只有我资助你们，不需要你们资助我。"

1994年，二弟谭继秋考虑到种地收入太少，借钱买了个三轮车，准备跑运输赚点钱，结果没到一个月，就发生了交通事故，伤了两个人，不但没有赚到钱，还赔了四五千块钱的医药费。旧债未还，又添新债。谭千秋知道后，马上给二弟寄去2000块钱，并写信说："车翻了没关系，钱赔了也没事，经济上我来资助，人安全就是最大的幸运。"

二弟继秋一直纳闷，大哥平时这么资助家里，他自己的生活过得怎么样呢？于是，他决定前往四川看望大哥。可从来没有出过远门的继秋，坐车坐到成都就没有钱了，他几乎靠乞讨、逃票才到了大

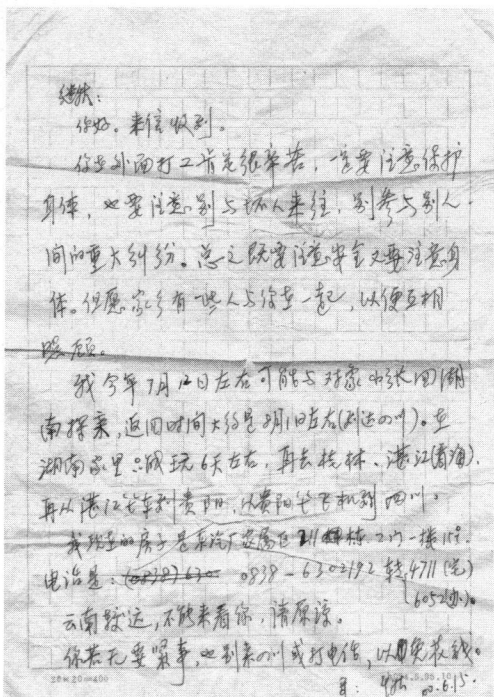

△ 谭千秋的家信

哥工作的地方德阳汉旺镇。他被看到的情景惊呆了，大哥一家就住在两间不到 30 平方米的小套间里，厨房、厕所都是公用的。小侄女君子才出生不久，帮助照看君子的大嫂的母亲只能住在阳台上。哥哥抽的烟也就是几毛钱一包。这些情况谭千秋从未向家里透露过。二弟谭继秋感慨万千，当天夜里他和大哥挤在一张床上卧谈。

继秋说："大哥，你以后就不要老往家里寄钱了，你的日子也过得不好。我们自己能赚钱，父母我们也能照顾好。"

千秋说："你们赚钱不容易啊，都是辛苦钱。我不能经常回家照顾父母，父母就靠你们这些在身边的儿女了，家里的经济问题都归我来解决，你们只管照顾好家里。"

继秋在汉旺镇待了几天，谭千秋就陪着他逛街、参观。临走那天，又亲手在二弟的裤子内侧缝了一个口袋，把路费装到里面。继秋含着眼泪离开了汉旺。此后，再也没有去过那里。

1994 年，岩前村遭遇百年不遇的大水。家里那几间土房全部被淹，老房子不能再住下去了。几兄弟决定和父母一起搬出来，新建房屋。得知这个事情后，谭千秋又给每个兄弟各资助了 3000 元。

2006 年 6 月，谭千秋父亲不幸患上骨髓癌。谭千秋体谅弟弟都在农村，家境不好，便主动要求负担父亲的医疗费。他怕弟弟和弟媳不同意，便找了个借口："我在家时间少，平时你们照顾父母很辛苦，就给我一个尽孝的机会吧！"兄弟们拗不过他，只好同意，父亲住院花去医疗费 2 万多元，都是他一人承担。

提及这些，五弟谭伍桥热泪盈眶。他说，我们兄弟俩相差13岁，真是长兄当父啊，我从高中到大学毕业的学费几乎都由大哥支付。

　　1989年，谭伍桥首次参加高考，名落孙山，他备感失望、痛苦，每天生活在高考落榜的阴影中。谭千秋知道后，给弟弟写了很长的一封信，告诉他生活的真理，以及面对失败时该具备的勇气和责任。而且在谭伍桥复读的那一年里，谭千秋不管多忙每个月都会给他写封信，向他介绍学习方法，减轻心理压力，以及面对考试的技巧。时隔19年，谭伍桥依然清楚地记得哥哥信中的话："失败并不可怕，发奋读书，做一个对社会有用的人。"

◁ 震后缺角的全家福

嫁给谭千秋我不后悔

☆☆☆☆☆

我就觉得，谭千秋这个人很朴实，心眼好，很善良，懂得疼人，总为别人着想。我觉得跟这样的人在一起踏实，所以尽管当时家人反对，我还是很坚持，硬是嫁给他了。

——妻子张关容眼里的谭千秋

当时和谭千秋在一起，我家里人很反对，村里人也觉得不可理解。因为谭千秋比我大很多，他还曾经离异过。我也不知道为什么那么坚持，跟家里别扭了大半年，最后硬是嫁给他了。记得那时候，我毕业分配在东汽中学教书，跟谭千秋是同一所学校。他是政治老师，而我是教英语的。他这个人看起来很严肃，有学生说他脸上的表情总是冰冰的。其实他这个人很朴实，心很好很善良，懂得疼人，总为别人着想。他还喜欢文艺，爱拉二胡。

谭千秋在我们的事情上也是犹豫过的。他跟我很坦白地说，他湖南祁东家里并不富裕。他是大哥，上有父母，下有兄弟，时不时要从自己的小家支援那大家子。本来在东汽这边教书没多少工资，再加上这样贴补别处，他不忍心我跟着他吃苦。我也隐约了解到他之前和爱人分开，

△ 谭千秋和张关容的婚纱照

也是迫于生计的问题，实在是过不下去了。

我也是农村出来的孩子，我可以理解他。所以后来我坚持跟他回了湖南祁东，见到了他的父母，看到了他家里的情况。我更加知道他的不容易。他是很有家庭责任的人，虽然一个人在四川教书，而且一待就是二十多年，但是家人在他心里占了很重的分量。他几年才回家一次，因为车费太贵，来回一次要2000多元，他把这些钱省下来支援家里，帮助别人。我觉得跟他这样的人在一起踏实。所以我很坚持，还是嫁给他了。

相亲相爱一家人

"以前，啥子事情都是他做主，他把我们照顾得把把实实。"我在娘家排行里算是小妹，谭千秋是大哥，并且他大了我很多岁，所以他一直很疼我，体贴我，照顾我。我怀孕的时候，谭千秋很紧张，可以说呵护备至。那时候，他下了班总是陪我散步。

"我们在一起生活好安逸的。"后来，我们生下了小女儿谭仙子。因为有了仙子，家里感觉更好了。谭千秋很疼爱仙子。他每天早上6点起来做稀饭，煮蛋，叫仙子起床，给她洗漱穿衣，然后抱仙子散步。仙子也很腻着爸爸妈妈。我们两个都要到学校上班，仙子谁也舍不得，我们只

▷ 小女儿谭仙子满月时留影

能一个人留下来先哄着仙子，然后再分别去学校。中午谭千秋回来休息，也一定要抱仙子。

谭千秋自己很节俭，大热天连冰棒和矿泉水也舍不得买。他爱抽烟，但也只抽一块五、两块五一包的"天下秀"。可是，他很舍得给仙子买东西。小孩衣服、鞋子，一买就很多。出事的前一天，我们刚给仙子买了好些衣服，两双凉鞋，两件T恤，两条裤子，还有小孩子玩的小东西等等。之前谭千秋还给仙子买了100多块钱的两大罐奶粉。至今还有一罐没有开封，仙子回去了还可以继续喝他爸爸留下的奶粉。

生死诀别

"他肯定舍不得我们一家。"我开始还抱着希望的，可是5月14日，看着塑料布里裹着的他的时候，我真的不愿意相信，他就这么走了，他怎么舍得仙子和我们就走了。那天早上他还跟平常一样，6点就起来了，给我们的小女儿洗漱穿戴好，带着她出去散步，然后早早地赶到

△ 谭千秋很疼爱小女儿谭仙子

△ 谭千秋和张关容在学校合影

学校上班了。可这一走就再也没回。

千秋被挖出来的时候，别人告诉我他是张开双臂，以护住学生的姿势离开这个世界的。我多希望他没有经历太多的痛苦，能够平静地离去。我不忍猜测，他在废墟里是如何度过的。

真正看到他的时候，他好像只是安静地睡着了，很安详。身体很完整，脸上没有什么血迹，前一个晚上的大雨把他身上的血迹冲洗了吧。我拉起他的手臂，他的手在那一刻居然是软的，我觉得他肯定是有感觉的。他知道他终于等到我和仙子来看他了。可是，他再也睁不开眼睛了。他答应要给仙子去开家长会的，可是不可能了。

千秋生前很爱干净，可是躺在那里的他，眼睛、鼻子、头发里都有沙子、泥土，他的头发也是蓬乱的。我想让他好好地放心地走，给他一点一点地擦拭身体，梳了他平常的发型。

本来开始也没办法火化，殡仪馆没电，后来又有电了，车子就过来了，并搭上了那辆去德阳的殡仪车。火化的钱是学校老师们一点一点凑的。火化前，我给他换上了我亲手缝的睡衣。我真的舍不得他走，他也是舍不得我们一家人吧。把他送到殡仪馆火化时，鞭炮响了两下就熄灭了，他似乎在眷顾我们母女。我留下了他的一缕发丝和指甲，缝在一个红色的布包里。我想让他放心，我会照顾好婆婆和孩子。

▷ 谭千秋
与张关容

老爸是个不善于表达感情的人

★★★★★

在大女儿谭君子的眼里，谭千秋是一个不善于表达感情的父亲，一天到晚就那样默默的。父亲是山，山之爱，往往无言。

12日知道地震消息的时候，谭千秋的大女儿、北京大学法学院二年级学生谭君子正在北大校园里。她立刻联系家人，但爸爸的手机始终处于关机状态。她开始觉得不妙："我爸是个很心细的人，他绝对会考虑到我的感受，第一时间通知我他平安。"她四处打电话询问，终于听到有人说震后看到过她爸爸（后来据说是把谭老师听成了唐老师）。

没有亲耳听到爸爸的声音，她还是不放心，一直打电话和浏览网页了解灾区的情况。

13 日晚上回宿舍的路上，她终于接到妈妈的电话：爸爸重伤，快回去，越早越好。她问，伤到什么程度？妈妈说，唉，反正你回来吧。谭君子有了不祥的预感：以前同学的父亲去世时，家里也是这样。

刚回到宿舍，姑姑又给她打来电话，哭得不行：你爸爸死了。

回到汉旺，谭君子一时没办法进入，那里已经实行了交通管制。这时刚好遇到她妈妈和阿姨跟着德阳市殡仪馆的车出来，车上拉了六具尸体，其中就有她爸爸。

谭千秋要火化的时候，他的妻子提了一个要求，给他换上她亲手缝制的睡衣。"那件睡衣就像商场里卖的一样。阿姨手特别巧，经常做衣服给我们，给我织手套，给爸爸织袜子，给小妹妹做了特别多的衣服。其实这样也是为了省钱，爸爸特别节俭。"

谭君子 4 岁的时候，父母离异。谭千秋含辛茹苦一手把她带大，牺牲很多娱乐的时间来陪伴她，去哪里都把女儿带上，连再找伴侣的第一条件也是要对女儿好。

"以前我在同龄人里不是特别成熟。但阿姨是个很单纯的人，以前遇事都是听爸爸的。爸爸出事之后，很多事情就需要我这个大女儿拿主意了。"谭君子说。地震之后，"阿姨"在废墟边坐了 30 多个小时，一直哭。后来谭君子的妈妈找到她，带着她料理后事。

父亲火化之后，谭君子的阿姨到别处避难，想带着爸爸的骨灰。谭君子跟她说，如果地震了，骨灰你保存不好；而且你

还要照顾妹妹，这个这么重，也是你的负担，跑也跑不了。现在谭千秋的骨灰寄存在殡仪馆里，他们想等稳定了再转移，"爸爸是湖南人，但我想爸爸还是喜欢在汉旺吧，毕竟一辈子都奉献给了这里"。

"现在，我的悲伤已经平复了很多，我庆幸自己还能在回忆里看见父亲的样子，还能凭着这条血脉延续父亲的生命。我希望每个人都能明白，家人健在就是最大的幸福。而对于我的爸爸，我要代替他撑起这个家，照顾好阿姨和妹妹，这是我爱她们的方式，也是我回报爸的方式。"要替父亲撑起这个家，就是坚强的谭君子对父亲的怀念。

2008 年 5 月 19 日，父亲谭千秋"头七"，谭君子写下了饱含深情的悼念文章《七日的纪念》。

我 4 岁的时候父母离异，是爸爸含辛茹苦一手把我带大。为了我，爸爸牺牲了好多自己娱乐的时间来陪伴我，去哪里都把我带上，连再找伴侣的第一条件也是要对我好。邻居阿姨说爸爸真是又当爸又当妈，每天都是三餐定时定量，再困难也没少过鸡蛋和牛奶。

高中出去读书的时候，离妈妈家近一些，爸爸转交给了妈妈一张"注意事项"，上面写着"君子爱吃的水果"，"每天应该提醒喝水的时间"，诸如此类。甚至连爸爸遇难后我翻看他的钱包时，里面还夹着我 6 个月大时候的黑白照片。

小学的时候我被推荐参选省里的"十佳少年"，爸爸在工作之余熬夜修改我写的十几页的个人介绍；高考的时候爸爸怕我心态不好，总教导我不能非清华北

△ 谭千秋和儿时的谭君子

△ 谭千秋假期到乡间劳动

大不上，当后来知道我考上北大的时候，爸爸是热热闹闹地请同事们吃饭庆祝；上了大学后我有机会去中央电视台录节目，爸爸不肯来现场，但在节目播出时候他兴奋地通知了所有他认识的人。

《七日的纪念》中，有太多君子依旧历历在目的记忆。

在君子眼里，谭千秋是一个很细心的爸爸。"大家都说他最爱的就是我，虽然从来没有说过爱我疼我之类的话，但挑的电话号码是我的生日，高中回妈妈家，他每次都坚持要用他才买不久的小木兰摩托车搭乘我走14公里的路，为的是和我多说说话。"4岁父母离异，父亲含辛茹苦一手带大了谭君子。谭君子说出事的前一天她还和爸爸通了电话，爸爸一边抱着妹妹，一边和她说，他找到了一个让小孩子不长湿疹的好办法。

在君子眼里，爸爸也是一个特别朴实的中学老师，他是边做农活边看书才从农村考上大学的，后来分配到东汽厂当老师。爸爸很热爱他的事业，可又因为离家太远照顾不到父母而很自责。他每个月都从微薄的工资里拿出一半来寄回老家。所以他省

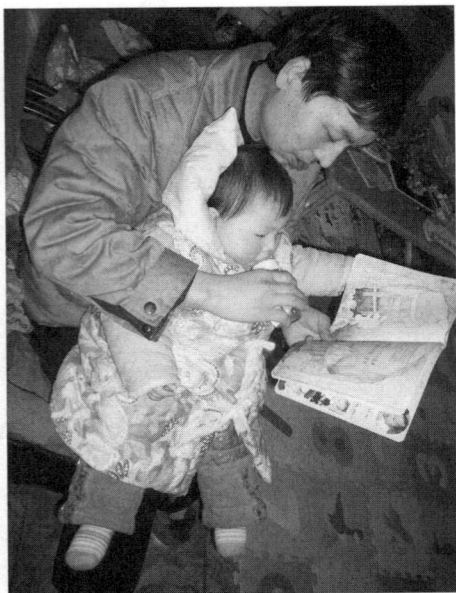

△ 谭千秋在给女儿讲故事

吃俭用，十几年都一如既往地每天骑自行车上下班。爸从来不抽好烟，我在家陪着爸的这些年里，他一直都抽很便宜的"天下秀"。袜子破了就缝缝补补。每次出去买菜掏钱的时候爸都是一副很不情愿的表情，我还笑他，可我也知道那背后的辛酸。

"爸爸就是那种默默为人，却不会张扬的人，走在路上，看到小石子都要踢开，问他为什么，他说怕别人走路不方便。"

平凡千秋

→ 善良是他的根

☆☆☆☆☆

谭千秋是恢复高考后的第一届大学生。他很珍惜，也很较真，有时候弄得别人很难堪，但他就像没事的人一样，我行我素。也许这就是77级这一届大学生的特性吧。他是笑得最多也给同学们带来笑声最多的人。他的同学现在回想起来，他只要讲话就面带笑意，他的笑不是敷衍的勉强的，而是从心底里生发出来从澄澈的眼神里传递过来，带着真诚，带着满足，很有感染力。因为，善良是他的根。

湖南大学77级政治专业属当时的马列主义教研室（系现在的马克思主义学院前身），与基础课部的英语、数学、力学等几个师资班一样，主要是为了培养机械工业部所属高校的教师。全班共有43名同学（35名男生，

8名女生），在三年级时，又分为哲学、经济学、党史、自然辩证法四个专业方向。谭千秋学的是哲学。

作为谭千秋的同学，湖南省委党校、湖南行政学院图书馆长、教授谢自强清楚地记得开学第一天和谭千秋见面的情景：那是在1978年3月5日。这一天，谢自强肩挑手提简陋行装，到湖大排队报到，前面有很多同学都陆续办了报到手续，站在他前面的男同学开始办了，一个风度翩

△ 谭千秋大学时代参观井冈山合影（后排右二）

翩的老师笑容可掬地问他："你叫什么名字？"前面的男同学马上回答："谭千秋。"这个老师立即趣答："论万古。"从报到那一刻起，谢自强就记住了"谭千秋"这个同窗的姓名，也很自然地观察起他的外貌，中等偏高的个子，晒得有点微黑的面庞，嘴角挂着浅浅的笑靥，质朴热情，一个阳光男孩的派头。后来到上课的时候才知道，"论万古"的就是崔蠹老师。当时，谢自强不仅欣赏"谭千秋"名字的奇特，也佩服崔老师的才思敏捷："谭"与"谈"谐音而对"论"，"千秋"对"万古"，真是一副"绝对"。

◁ 大学时代的谭千秋与同学在一起（后排右二）

开学那天，住在省城长沙的何向民（现中山职业技术学院党委副书记、副院长）因为报到早，参与了迎新，谭千秋就是他接的。谭千秋后来跟他说，你那天穿一身军装，脸那么白，眉毛那么黑，好威武啊，就像杨子荣一样。谭千秋就是这样真诚地赞美别人。何向民注意到，谭千秋可以随时随地做到这一点。某某球打得好，他鼓掌喝彩；某某文章好，他啧啧不已，哪怕是有人穿了一件得体的衣服，剪了一个适宜的发型，他都要认真端详一阵由衷赞叹一番，谭千秋就是那种心地纯净到没有一点杂质的人。何向民当过三年知青，父辈也是农民，在随后的日子里，两人便有了共同语言，谭千秋把他当作知己，成为了要好的兄弟。苦恼时他愿意听谭千秋倾诉，看露天电影的时候邀上谭千秋坐到一起起起哄。每次寒暑假回校谭千秋总要带点家乡土产给何向民，在评先入党听意见时还对何向民给出了客观的好评。

　　谭千秋虽然出身贫寒农家，生活十分拮据，但从来没有抱怨过。当时班上有干部子弟，也有高知子女，还有带工资上学的干部生，谭千秋有时很好奇，有时也羡慕他们一些超前的衣着和用具，但从没有怨怼之气、愤懑之情，好奇过了羡慕过了，照例还是哼着歌，带着笑，快快活活过每一天。大学的生活是紧张的，谭千秋却忙里偷闲，把自己收拾得很得体，衣服总是那么干净合身，头发总是梳得那么光亮，床铺、书桌总是一尘不染。他常说：人穷不能穷志气，布衣也要穿出精神来。

有人说很难想象谭千秋在西南边的山沟里一待 26 年，他的同学倒不感到惊讶，只是有些痛惜。说谭千秋是"人不堪其忧，回也不改其乐"可能过了，但说谭千秋太善良，善良到已不会去思考所谓公平与否，则肯定是没错的。谭千秋是大家的开心果。每当他要在班上发言时，大家就准备发笑，他的姿势、手势乃至语气都是那样有趣；在寝室里聊天，谭千秋故意提些傻傻的问题，室友添油加醋加以发挥，大家群起而调侃，便完成了由双簧到群口相声的娱乐过程，大家笑弯了腰、笑出了眼泪是常有的事情。谭千秋以农家子弟的质朴和善良赢得了大家的心，成了班上群众关系最好的人。

1996 年，湖南大学 77 级政治专业在母校有过一次聚会，谭千秋没来，但他给全班同学寄来了一封热情洋溢的信。还是一如当学生时那样率真可爱，还是那样"无事不可对人言"，连家

△ 青年时代的谭千秋

庭生活的变故也一一如实道来，引起大家一阵
又一阵的感叹与笑声。那一刻，大家突然觉得谭
千秋有点像小汉斯。谭千秋他们大学学的是许国
璋主编的《英语》，其中有一课讲到 Little Hans
的忠厚，汉斯虽饱经世态炎凉，却依旧"smiling
from ear to ear"（脸上挂满笑容）。

→ 大学里的"疯狂英语"

★ ★ ★ ★ ★

进入大学之后，谭千秋也像那个时代的大学生一样，十分珍惜难得的学习机会，如饥似渴地摄取知识。湖南大学的楼前屋后，岳麓山的山涧小道，湘江岸边的野草花丛，到处都曾留有他读书的身影。在学校图书馆，在马列教研室的阅览室，时常看到他在静读思考。对理想的憧憬，对知识的渴求，对命运的拼搏成为他那时生活的旋律。

40多年后的今天，谭千秋仍有七件事情闻名政治系。

第一件事情就是"疯狂英语"。那时，英语成了大部分同学的心病。很多同学连26个字母都认不全，尤其是来自农村的同学。谭千秋虽然当过教师，但对英语这门课程，

▷ 谭千秋
在校园的
工作照

至多也是一点感知而已，因而也对这门课程感到
头痛。

为了学好英语，谭千秋几近于疯狂状态。除
了完成各学科老师每天布置的作业外，他的业余
时间几乎都花在英语上了，早上起床后锻炼完身
体，到吃早餐还有约半个小时的时间，他的手上
必定是一本英语书；晚自习结束到熄灯前大概也
是约半个小时的时间，他的手上还是一本英语书。

有个周末同学周安德外出，老远就看见谭千
秋在公共汽车站牌下看什么，走近才知道他在背
英语单词。周安德笑他："这点时间也不放过。"
他却很认真地说："monitor(班长)，不抓紧怕跟

不上啊！"

那个时候，政治系宿舍门前有一道著名风景：谭千秋坐在一张小板凳上，面对来来往往的人流，不管不顾地高声发出带有浓厚乡音的英语。后来，大家戏称这叫"疯狂英语"。时间长了，谭千秋能说出完整的连贯的英语句子来了，而多数同学的英语还是在腹腔和喉咙里打转转。

第二件事情就是敢给老师提意见，敢和老师争论。有一天，中共党史课教师肖孚容上完课，走出教室之后，谭千秋从后面追了上来："肖老师，您的课讲得很好。但是我有个建议，不知当提不当提。"肖老师一愣，自己教书这么多年了，第一次有学生说要提建议，便笑着点了头。

谭千秋接着说："希望您讲课的时候，能够把语速放慢一点，因为您的方言较重，快了听不懂。另外，还请您在写板书的时候，把大小标题分开，这样大家记笔记方便些。"就是这个小小的建议，让肖老师铭记了30多年，以至于后来上课的时候，经常会想起这个建议。

还有一次著名的争论是做毕业论文的时候。他的毕业论文是些关于矛盾两种基本属性的问题。传统教科书把矛盾的同一性和斗争性作为矛盾的两种基本属性，谭千秋认为这是对的，但应当将这里的同一性定义为"统一性"，斗争性定义为"对立性"，这样才与"对立统一规律"在提法上一致，逻辑上更恰当。顺着这一思路，他找资料，写笔记，作了大量的研究和论证，写成了自圆其说的论文。但当论文交上去以后，老师并不认可这一观点，但囿于当时思想解放的程度和认识水平，认为与经典作家的提法有悖，要求重写。为此，谭千秋和老师展开了探讨和争论，令同学们瞠目结舌,后来成为政治系师生"为真理舌战"的佳话。

第三件事情是非常注重个人形象，极爱整洁。谭千秋爱整洁是全班有名的，他的床铺、书桌总是一尘不染。家里穷，没啥钱，但他却能穿戴整整齐齐，头发梳得光亮光亮，不时照一面小镜子"自我欣赏"，在当时是一位很典型的"帅哥"。就他的发型，调皮的同学给他取了个外号：cabbage，意为"包菜头"。他听了非但没有生气，反而很高兴这个能给大家带去快乐。

他常说：人穷不能穷志气，布衣也要穿出精神来。他们班上的 40 多位同学中，有的是干部子弟，有的来自高知家庭，还有的是带工资读书的，家庭条件都比谭千秋好。但是他一点都不觉得自卑。

第四件事情是助人为乐、富有爱心。他乐于为同学跑腿办事，同学们也愿在不方便时将一些事情托他帮忙，比如帮助打水、买饭，借还书之类。记得有一天中午下课后，谭千秋最早回到寝室，并已打好午饭正在吃，突然天下大雨，电闪雷鸣。这时候，大多数同学还在教学楼未回。

谭千秋放下正吃饭的碗筷，将寝室所有的雨伞搜齐，冒着倾盆大雨将伞送到了教学楼，把大家接回寝室。回来后，虽然是裤腿湿，饭已凉，但大家心都是热的，他也感到很快乐。

第五件事情是多才多艺，在班上是个有名的开心果。他会吹拉弹唱，寝室常有他的笛声；喜欢唱歌，唱起来声情并茂，很有感染力。连跟同学合个影照个相什么的，都要摆一个"造型"。每逢在班上发言，他的手势，他的语气，尤其带着祁东腔的普通话常使人发笑。虽然同学们在笑，但他照样满脸笑容、不慌不忙地陈述自己的观点。在寝室里聊天，他故意提些傻傻的问题，然后添油加醋加以发挥，大家群起而调侃，大家笑弯了腰、笑出了眼泪是常有的事情。

第六件事情就是艰苦朴素，心系家庭。谭千秋学习成绩优异，被评为甲等助学金，每月18元钱，其中有14元发的是饭菜票。可他舍不得把14元都吃完，每月还要留下2～3元向同学换成钱给弟弟交学费或补贴家用。大二那一年暑假，他没有回家，准备在长沙找点事做。那个时候，一个大学生利用暑假干体力活挣钱，是非常少见的。花了好几天时间，终于在一个地方找到了一份挑土方的工作。干了几天以后，他又去学校高考阅卷的地方干杂务。在暑假打工辛辛苦苦所赚的钱，他都不舍得乱花，从那微薄的收入中拿出一部分寄给家里用，自己则一直控制在国家发的助学金范围内开销全部生活费。

第七件事情是心怀感恩，却从不求回报。在学校，他常帮别人洗被子、钉衣扣、买饭菜而从不求回报，但别人给他一点点帮助，他总是久久不忘。大学一年级时柳礼泉同学曾给他一本信纸和几个信封，几年后他还记得。何向民同学在1981年毕业分手时从钥匙串上解下一个多功能

△ 谭千秋老家

刀具送给他作纪念。没想到过了 5 年后，谭千秋居然辗转托人给他捎去一瓶剑南春酒厂产的绵竹大曲，作为感谢。

→ "俏"大学生去西部

★★★★★

谭千秋生活在一个大学生很"俏"的年代，等待他的"好地方"很多，可是他居然选择了去西部教书，虽令人不可思议，却在情理之中。

在平日里，谭千秋常和同学抒发恢复高考的感触。他总是很认真地说，是邓小平力主恢复高考，使我们这样的农村孩子有机会上大学，将来毕业了，应该当一名好老师，多为国家培养有用之才。

谭千秋虽然率真单纯，却有自己的人生理想，他憧憬着能在母校当一名教师。他说过，要好好学，要有真才实学，将来在大

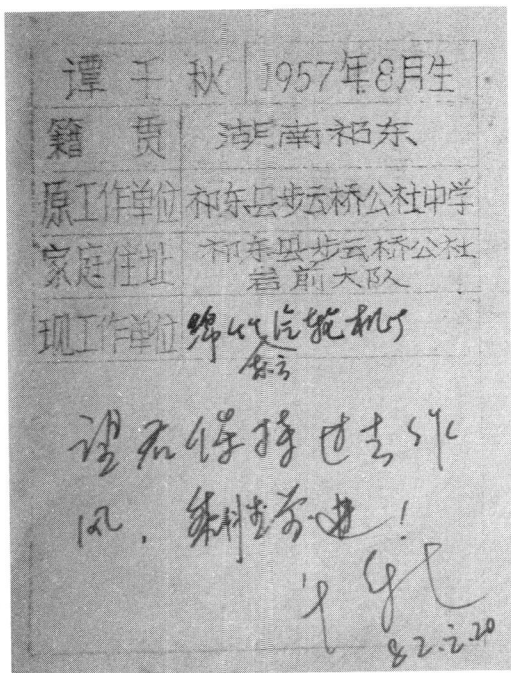

△ 毕业留言

学当老师才能胜任。办我们班的初衷，是为本校培养师资，但留校的名额却比预期的少多了。在当时计划经济时代，毕业分配有时可以决定人的一生，那也是对人性进行真切的检验。

1982 年元月，到了毕业分配的日子，既是同学又是老乡的周安德发现谭千秋拿着去四川绵竹东方汽轮机厂的报到证。周安德小心翼翼地问他："这个厂子在市区吗？"他回答："听说在汉旺镇。"周安德又问："你会争取改派一下吗？"他坚决地摇摇头说："服从组织分配。"当周安德把《同学录》递给了他，他略加思索写道："望君保持过去作风，乘胜前进！"写完转身离去。而在给其他同学的留言中，也显示出谭氏特色：为柳礼泉留言"祝君早出成果"，为邓平留言"祝君为党多做贡献！"

大学毕业后的那个假期，谭千秋回到家乡。父母脸上笑开了花，家里出了个名牌大学毕业生，是件光宗耀祖的好事情。那天，母亲做了一大桌饭菜，全家人热热闹闹地在一起庆祝。吃完饭后，大家伙坐在一起聊天，要千秋说说今后的打算。谭千秋顿了顿嗓子，说："爸妈，我服从了学校分配，要去四川一个小镇上教书。"

父亲脸上的笑容马上消失了："什么? 你怎么也不跟我们商量!"

母亲见丈夫生气了，赶紧劝儿子："你为什么

△ 谭千秋老家

要去那么远啊，你能不能和学校讲讲好话啊？"

谭千秋摇摇头，说："我喜欢教书，学校分配我去那里，是因为那里的孩子需要我。"

"你喜欢教书，可以回来到我们县里教书啊。"父亲说。

"那里比我们落后，需要大学生去支援啊。"谭千秋边说着边乐呵呵地背起简单的行囊，往四川德阳汉旺镇赶去。

其实那时大学毕业面临分配的时候，由于国家十年停滞，百废待兴，到处都需要人才，77级这些"时代骄子"自然会有好去处；又由于湖南大学是机械工业部的院校，因当年国家"三线建设"建在偏远山区的大型军工或制造企业不少，他们又有可能分配到这些穷山沟去。当时正值中国科学院院长郭沫若发表《科学的春天》一文不久，这篇文章在知识界一代学子中产生了巨大的反响，有相当多的同学想留在高等学府、大型研究机构里从教、搞科研或继续深造，亦有选择大城市、大机关等生活工作条件好、发展机会多的地方。谭千秋却选择了在四川德阳的东方汽轮机厂内的学校任教。这在湘江之畔的长沙看来，是一个蜀道之难、闭塞落后的地方。但谭千秋选择了这里，没考虑这地方有多困难、多闭塞、多落后，甚至少有发展机会。分别的时候，同学们握手互道珍重，他像平常那样挂一脸微笑，显得很轻松。国家的需要，时代的需要，人民的需要，社会的需要，就是他的岗位。

→ 扎根东汽

★★★★★

作为恢复高考后的第一批"时代骄子"，在当时能扎根边远山区，当一名普通的人民教师，一干就是26年，他的选择，他的经历，不能不让我们一些人汗颜。名为牧子的网友做诗云："三尺教鞭三尺台，讲坛无垠育英才。春蚕吐丝任压线，蜡炬成灰方释怀。山崩一刻背挡壁，房塌千钧胸护孩。湖湘血性塑青史，千秋浩气天际来。"谭千秋和他湖南人的执着、大爱，已经为天下人共知。

恢复高考后的第一届大学生，的确是大家所公认的"骄子"，谭千秋就是这样一位。在毕业分配时，他选择了西部，远离自己的家乡，来到德阳绵阳东方汽轮机厂，先后在该厂职工大学和东汽中学任教，这一干就是

26 年，比他短短 51 年的人生旅途一半还多。

说来也巧，千年学府岳麓书院南宋时著名山长张栻就是四川绵阳人，作为抗金名将张浚之子，并且与朱熹、吕祖谦齐名的"东南三贤"，其"传道以济斯民"的思想为后世湖湘子弟所传颂，成为湖南人"心忧天下"、"经世致用"、"爱国务实"、"敢为人先"思想的遗传因子。我们无法知道谭千秋是否知道张栻就是四川绵阳人，但可以肯定，曾经在千年庭院中学习、生活了四年的他，熟知中国古代哲学的他，一定读过那篇张栻的《重修岳麓书院记》，一定深深打下了"传道以济斯民"的思想烙印。

900 多年前，张栻从绵阳来到了岳麓书院讲学布道。900 多年后，从这个庭院走出的后学，扎根绵阳，一支粉笔写春秋。这也许可以称为"巧合"，抑或"缘分"吧。

"他的水平和能力，在一所大学当教授是没有问题的，他的同学都那么的优秀。后来谭老师放弃在东汽职工大学的工作，全身心投入到东汽中学做一名普通的人民教师，真的难能可贵。"东汽中学高文君老师说。

"他就是当个校长，我们都觉得可以胜任。他从不计较这些，几乎把学生当作自己的全部。"向明超老师说。

东汽于 1965 年筹建，1966 年开工建设，1974 年建成投产。并于 2006 年 12 月 28 日改制为东方汽轮机有限公司和东汽投资发展有限公司，两家公司均隶属于中国东方电气集团公司。可 40 多年前选址龙门山脉的汉旺镇，从国防建设考虑，完全属于"大三线"，环境还是比较偏僻。谭千秋没有留恋大城市的生活，来到了这个小镇,他知道,他也是从农村走出来的,是从湖南祁东的农村走出来的。"吃得苦,耐得烦,霸得蛮"让他对生活永远充满信心。

大学毕业后的20多年中,大多数同学的岗位有了变化,有相当部分调回了湖南,调到了长沙,也有的"孔雀东南飞"到了沿海开放城市,也曾有同学建议他调往成都、长沙或广东,甚至主动帮助联络。谁不怀有对家乡故土的眷恋,谁不向往繁华开放的城市,但边远山区的孩子们更需要教育,这就是他的岗位,26年来毫无羁绊,心无旁骛。

"真诚做人,精心做事"这是东汽人的行为准则,在这样的氛围陶冶下,"精心做事从真诚做人开始,真诚做人以精心做事体现"成为谭千秋重要的人生信条,而东汽"求实人和,创新开拓"的精神让他在平凡的教学岗位中,做出了不平凡的事,得到领导的称赞、同事的拥护、同学们的爱戴。

田春林(东汽中学初三班主任):

谭老师主要管学生工作,我是当班主任的,与他的交流比较多。

我2003年才分到学校,虽然只有短短的五年,感觉他人很正直。我们年轻的班主任如果哪里做得不对,他肯定要说出来。现在我们每个月有班主任津贴,只要有哪样做得不好,如清洁卫生,该扣的照扣,不管你关系跟他有多好、多铁。平时对学生挺严格的,每次升旗的时候,谭老师都会给学生讲一讲,如宣布处分决定、表扬等等,"网上"的谭氏语录就是这样来的。

陈发明（东汽中学老师）：

虽然他比我大十多岁，原来接触少的时候都是喊"谭老师"，后来相处的时间多一点，我们都是叫"老谭"，那样我们感觉更好一些。

老谭在工作上比较诚实，人比较直爽，有啥说啥。一般不会转弯抹角的。他做事认真，考核很细，细到什么程度呢？比如说考核的"五大会"只要你迟到了就扣钱，不管你任何理由，只要他看到。课间操，他都认真查对，然后对我说，扣了哪些钱，只要在原则管理下，我都能理解。

△ 震后的汉旺镇一角

工作方面，当时学校班主任特殊津贴和管理挂钩，我就说管理不合理，不能仅考虑班级管理还应兼顾学生的学习成绩，应该有一个量化考核，当时他就表态，希望我能制定一个比较细的方案给教导处，如果可行还要奖励我。

刘盛之（东汽中学美术老师）：

在好多年以前，最初他住的那个住房很简陋，还搭了个棚。后来单位分了新的房子，他换地方住了，那个临时搭的违章建筑必须得拆。他有些东西舍不得扔掉，又舍不得请专门的人拆，因为请人拆要付工钱的。那时候我就去帮他拆，他说我们自己拆就相当节约了一点钱。然而拆下来的其实就是一点乱瓦，下面几块木头，那些都是他自己动手一砖一瓦盖的。

➡ 那浓浓的湖南口音

★★★★★

　　"谭主任"、"谭老师"、"老谭"、"师傅"、"首长"、"大哥"……在东汽中学德阳安置点，采访谭千秋老师的同事们时大家对他的称呼各种各样，但谈到老谭时，大家的眼圈都是湿润的。一直爱穿厂里发的"蓝精灵"工作服，那带着浓浓湖南口音的普通话，只抽两三块的"天下秀"，爱唱老家的花鼓戏《刘海砍樵》，每周升旗仪式中"下面宣布处分决定"的"谭氏语录"……这些，都成为大家记忆中的绝响。

　　2008 年 6 月 12 日上午，震后搬迁的东汽中学举行开学典礼，尽管特殊的开学典礼缺失了不少熟悉的面孔，但对于经历过那次灾难的人，这就是希望的重生。其中包括"老谭"，他的同事都记得他最后一次走进教室的笑脸，记得他浓浓的湖南口音。

一位网友在东汽中学吧上写下了这段文字：

你那儿还黑暗吗？还冷吗？还在下雨吗？让我替你打开光明，为你披上你最喜欢的衣裳，用那把你曾用过的伞为你遮雨，然后，我牵着你的手，一起奔跑……

坐在东汽中学的操场上，望着那残破的教学楼，我多想用我的手握住身在墙砖下你那仍有余温的双手，感受你的心跳，与你一起承担黑暗给予你的痛苦。可是我是那样的无助，无助的我只能在心里与你紧紧相拥……

我想帮你，让你回到校园，回到我们曾经的那间教室，回到过去我们共度的欢乐时光。但一切都只是过去，就如同地震后离开汉旺的车子，只能向前，再向前……

于是，你离开了，你将双手收回，护住那些战栗的生命，没有与我说一声再见，我也只能在梦中，大声呼唤着你："别放开，让我牵着你的手！"

"别放开，让我牵着你的手！"因为我们曾经一起走过。

高文君（东汽中学语文老师）：

我看着他笑着最后走进教室

我们的办公室在四楼，5月12日下午，一切都是那样的毫无征兆。快上课的时候，谭老师从三楼往四楼高二（1）班教室

△ 震前的东汽中学

走，我和几个女同事说说笑笑地往三楼走。我们楼梯口相遇，他穿着东汽厂发的"蓝精灵"工作服，手里抱着一摞作业本，从楼梯口噔噔噔上来。当时我们开玩笑说："谭老师，时间还早，不要这么急，有空我们邀张老师一起玩一玩呀？"

谭老师是个活跃分子，多才多艺，二胡拉得好，唱歌也唱得好。每次上课总要提前几分钟去教室，和学生交流交流。那天也像平常一样，他向我们笑笑，用带有湖南口音的普通话说："要得，要得。"一边走进高二（1）班教室。

那天我在讲《失街亭》那篇课文，快讲完课文时，地震发生了，我组织学生紧急疏散时楼垮了，我和几个学生困在楼梯间，埋在废墟里，等余震过后才从废墟里爬出来。谭老师被刨出来已经是13日晚上了，没想到那是我们的最后一面！

陈发明（东汽中学老师）：

他抽烟，好的都留给别人

他基本上讲的是普通话，虽然带点湖南口音，但很好懂。他对他父母非常孝敬，父母经常生病，他是家里的老大，每月都寄几百块钱回老家。东汽厂后来效益还比较好，我曾经开玩笑说："老谭，你那么节约，应该攒了很多钱吧？"他说钱都花

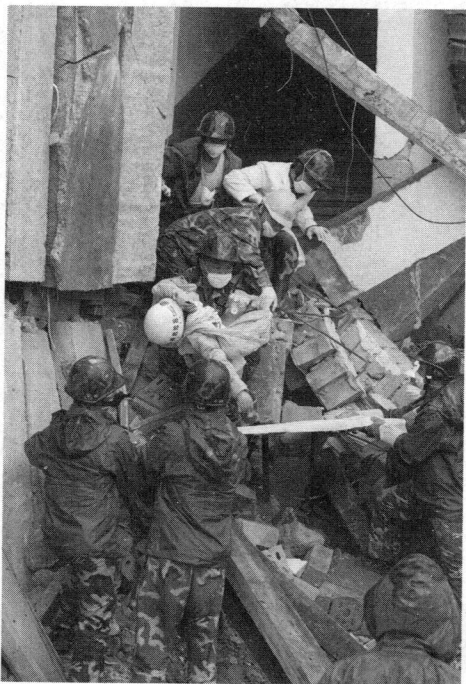

◁ 官兵们在营救废墟中的学生

△ 东汽中学救援现场

了，我说都花在哪儿去了，他告诉我们钱都寄给父母了。

几年前，他一个人，印象最深的是，那时他又黑又瘦，骑个破自行车，天天送他的君子去小学，顺便又上班。那时他女儿胖乎乎的。单身家庭，小孩应该受到影响，但他女儿没有受到影响。君子小学是在东汽小学，初中在东汽中学毕业，高中时到了绵阳中学。

我曾经教过君子一个学期，那姑娘非常听话，习惯非常好，没有任何不良习惯，成绩非常优秀，一直是班上的前几名，她是班长。

他又当爹又当妈，有时我们开玩笑："你会不会做吃的？""你怎么培养你姑娘的，她那么聪明？"

他告诉我们，回家怎么整牛奶，如何整肉，做菜。他买了肉，肥的自己吃，瘦的归小孩吃。

我抽烟，他也抽烟。他抽烟时，好一点的都给别人抽，差一点的留给自己。他自己抽二三块钱一包的"天下秀"。好一点的茶叶，如学生、亲戚送的云南的普洱茶、参茶等，他都拿到办公室，自己喝一般的绿茶。

唐子贵（东汽中学工会主席，谭千秋办公室同事）：

他是我的大哥

我俩一个办公室，我一向把他当作我的大哥，所以他那天走了之后，我一直很难受。地震中，我女儿就在老谭上课的那个班上，抢救出来伤势太重，后来还是不行了。很遗憾，谭老师追悼会我没去成，那天我在地震现场。因为老谭常常开玩笑说："以后我要是死了，你要给我开一个非常隆重的追悼会。"所以我觉得这个事情没做好，很愧疚，对不起他。

他一个人带君子时，我还在外语组，没在学生处，但是我们了解他生活得很累，既当妈又当爹。因为离异后，小孩基本上由他在抚养。因为他菜烧不好，水平不咋的（笑），有时他小孩特别想吃肉，可又烧不好，我们就交流交流，怎么样烧肉，怎么样做鱼，因为我比较会做鱼，跟他讲怎么做才好吃。平时他给女儿每天都是一个鸡蛋，满足小孩的营养。平时他穿的就是厂里的工作服，不太注重好的，只要过得去就行了。他是一个多才多艺的人，会拉二胡，会唱歌。记得有一年教师节他还表演了湖南花鼓戏《刘海砍樵》。地震之前的星期五开运动会，开完后说大家要聚一聚，没来得及聚他就走了。

刘盛之（东汽中学美术老师）：

谭主任拖我去理发

我是 1996 年 9 月份来学校任教的，一来就是给谭主任当下属，感觉他就是首长，我是警卫。但是我这个警卫一点都不争气，在很多时候都还要这个首长来保护我，更多的时候他更像兄长，关心我们年轻人。

记得第一次理发，是谭主任把我拖去理的，那时候我爱留长头发。我们在政教处要负责学生的仪表，谭主任觉得我的发型不符合要求，首先要我把头发剪了，第一次是他带我去的，这给我留下了很深的印象，他特别朴实，平时生活都比较拮据、节俭。

他乒乓球打得特别好，他还跟我说过他获得过东汽单打的冠军。他自己会缝补衣服这些活，我们都有点笑话他，平常我们在办公室开玩笑，挺随和的。

向明超（东汽中学英语老师）：

他是我师傅

东汽中学的老师都知道我有个师傅，师傅就是谭老师。我是教英语的，他教政治，两人碰到一起，还真是缘分。

那时，我刚到东汽中学，东汽中学各科教研组开展听课活动，作为学校唯一的特级教师，谭老师对高三政治老师讲课非常关心。碰巧那天来我们班听课时，政治老师和我调了课，我正在上英语课，谭老师进来了，我心想，"隔行如隔山"，你想听就听吧。谭老师听得很认真，听课记录写得很详细。

下课后，谭老师找到我，坦诚地说："英语课我是听不太懂，教学教法还是有一般的规律可循。"他说我驾驭课堂的能力很好，但和他一样，不大标准的普通话还要学，培养学生能力方面要加强。原来以为他"隔行如隔山"，但他"外行看热闹，内行看门道"，都说到点子上了。第二次，他举行全校公开课，我也去听了。从小到大学毕业，那么多的政治老师教过我，可他讲的就是与众不同，怪不得他班上的学生成绩也好，素质也高，能力也强。按照规定，学校都会给刚毕业参加工作的青年教师派一名指导老师，可学校一直没给我安排。于是我对谭老师说："以后您就当我师傅吧。"政治老师给英语老师当指导教师这在东汽中学还是头一回。

→ 东汽中学的"谭氏风格"

★ ★ ★ ★ ★

在四川绵阳东汽中学读过书的学生几乎都知道学校的政教处主任谭千秋，他们或者对谭千秋心存畏惧，或者还曾私下里笑话过这位带着浓郁乡音的老师，甚至悄悄地骂过他的严厉。5月13日之后，骂他的学生后悔了，他们在网上说，他们误会了谭老师，"现在连道歉的机会都没有了"。

真没想到是谭老师

在东汽中学的百度贴吧里，记者看到这样一些对话：

"刚得知，有一个老师用自己的身躯救了四个学生。"

"啊？真的啊？是谁啊？"

"据说是谭千秋。"

"啊？！是么？天啊……怎么会是谭老师？"

"对啊，上学时就知道抓我们的错，处分我们。没想到啊……"

贴吧很多同学表示了意外和震惊。

同学们常喊：快跑，谭千秋来了

湖南大学政治公共管理学院 05 级本科生肖铃，曾是谭千秋在东汽中学时的学生。在肖铃的印象中，谭千秋总是戴着眼镜，一身笔挺的西装，双手背在身后巡走于学校走廊之间，还不时地东顾西盼："你的胸卡呢？""学校规定不能染指甲，回去把它洗掉！"他有着政教处主任一贯的威严，不苟言笑，仿佛任何不遵守校规的地方都能被他逮个正着。调皮捣蛋的学生都很怕他。有时在走廊和操场上会听见打闹着的学生这样喊道："快跑！谭千秋来了！"

对于一些男生来说，他就是他们的噩梦。每到周末，住校的男生都会想尽办法溜出学校上网打游戏，经常在兴头上的时候，背后会突然出现一只手："我就晓得你在这里。"原来每到周末,谭千秋都会仔细检查住校生的出校门假条,他总能看出蛛丝马迹,并且迅速锁定网吧地址,把他们"一网打尽"。小龙是当时的政治课代表,也经常被谭老师从网吧拎出来:"怎么躲都能被他找到,大周末的不在家待着,每个网吧挨着转,真是很讨厌他。"

"下面宣布处分决定……"

东汽的同学认为最能代表谭式风格的,就是谭老师在国旗下的讲话。每周一升旗仪式时,他都会站在红旗下拿着话筒说:"下面宣布处分决定……"

△ 震后的汉旺镇成了一片废墟

只要他说这句话，总会有两三个学生被处分。

就读于四川机电职业技术学院的张科当年也是谭千秋在东汽中学的学生。刚进学校时，他是班长，"跟谭老师混得很熟，他时常拍我的肩膀"。即使这样，他照样在背后说他坏话。

谭千秋喜欢皱眉头，总是很严肃，轮到他晚上巡逻，学生都不敢不老老实实睡觉，全校没有不怕他的学生。

张科念了三年书，只见谭千秋笑了一次。那是他拿毕业证的时候，谭千秋问他是不是英语考了全班第一，他点点头，谭千秋就笑了，说毕业了，以后不要犯错了。

张科说，跟谭老师混熟了，和他有种默契，每次看到谭老师看他，就知道是在提醒他不要犯错。"他用很普通的眼神看我一眼，我心里就发憷。"

张科曾经差点就被他开除了。张科那时候迷上网络游戏，时常在晚自习后溜出去，玩到两三点，几乎每次都被他抓回来。"后来我爸爸来求情，他就不忍心了，让我留下了。他把我拉到一边说了很多，说他也是孩子的父亲，教育我们不容易。"

谭千秋心软还不止这一次。

有个学生家里很贫困，还老是上网，谭千秋

把家长请到办公室，家长一听说要开除儿子，立即就哭了，求他给儿子一次机会。一个学生回忆说，他看到谭老师眼睛也红了，最后他把那个家长送走了，还塞给了那个家长 200 元钱。

张科记得，一次犯了错被谭老师抓去站办公室，中午没吃饭。"他来了看到我还在站，就向对面的罗老师借了几元钱带我到食堂去吃饭。"学生在网上说，其实谭老师"一直在挽救我们学生，临死前也是这样"。

我曾发誓，再也不在他的课上发言

除了当教导主任，他也是一位政治老师。很多老师在课堂上都会和学生寒暄几句，而他上课总是直接切入正题。"他说话总是一个语调，听起来冷冷的。"小康也是谭千秋的学生。有一次上课，谭老师提了一个问题，全班没人举手。小康虽然也不知道正确答案，但为了给老师解围还是举了手。本以为即使答错老师也不会批评她，甚至有些期许老师感谢的眼神。但是他冷冷地说："你坐下，举手回答很踊跃，但是很遗憾，你的答案是错误的。"顿时，全班哄堂大笑。"说实话，当时觉得很伤自尊心，心中暗暗发誓：再也不会在政治课上举手发言了！"

记忆中他也被学生们逗乐过几次，浅浅的笑容看起来很腼腆，还把头低下，生怕被看见笑的样子，学生们却因此而兴奋不已。

他的"小气"形象曾深入人心

有一次他给学生讲社会主义市场经济的诚信，举了个自己买菜的例子："我买菜的时候总要假装看看秤，其实根本就看不懂。有一次买韭菜，我买一斤，老婆婆抓了一把去称，我说'我来看秤了哦'，那个老婆婆给我添了点菜；我又说'我又来看了哦'，她再给我添了点……"全班哄堂大笑，他却依旧表情严肃，等大家笑够了再接着上课。有些同学在下面小声说道："还和老婆婆那么计较，也太小气了吧。"从此，他的"小气"形象深入人心。

希望谭老师听见：我们错怪你了

谭千秋遇难后的那几天，几十个学生自发地在百度贴吧里向他致敬和忏悔。

我为以前骂你向你道歉！！对不起！！谭老师，您太伟大了！！！东汽中学高 06 级 3 班全体同学向您致敬！！！

我是 JULY，我为以前的顽劣羞愧。敬礼，愿你在天国安息！

我代表高 06 级 1 班向您致敬。您是我们心中永远的谭主任，好老师，敬礼!

为我以前跟同学笑过您每周不变的处分决定而后悔。

谢谢您，老师!您是我们每个人、每个有良心的人的好老师!

△ 透过东汽中学残缺的楼架所看到的山就是这次大地震的祸首——龙门山。汉旺刚好就处在龙门山脉

△ 震后的汉旺镇

为什么总是要等到付出生命之后，你们才感觉到他的好！

向谭老师致敬，现在，您的那句"下面宣布……"好像就在耳边响起。

学生们还在校内网上为谭千秋和他女儿建立起一个小圈子，名叫"为谭老师的女儿，为伟大的英雄爸爸"。他们在那里留言祭奠老师，为老师的女儿加油打气。还写了很多文章，搜集出

"谭千秋语录"，回忆与他的点点滴滴。

　　同学们约定，等地震局势稳定一点以后就回母校遗址，为他们的老师举行悼念仪式，为他们献花。"希望他在天之灵能够听见我们的歉意：谭老师，我们错怪您了！"

➜ 严谨中见风趣

★★★★★

　　2008年5月31日8点20分，谭千秋曾经的学生佳佳在他的博客里写下了纪念谭千秋的文章——《再忆谭老师》。

　　很难想到该用怎样的词藻来形容谭老师。是的，他只是一位普通的中学教师。对我们学生来说，他为我们留下的永远是他那严肃坚毅的脸庞，他的风趣幽默的课堂，还有许多令人捧腹的话语。是的，仅此而已。

　　人们都说谭老师是一名优秀的教师，可他

总是很平静，默默地做好生活中的小事。我们放假回家，去中学问候老师时，谭老师从来没有太多的话。但在我们离别时，却总能听到他的祝福。正如我所说，他是一名普通的教师，他只是用最普通的方式表达着他对学生们的爱。

或许是我自作多情，我总觉得谭老师对我们这一届特别关爱。也难怪，其实在我们这届毕业后，东汽中学就改组了。具体情况我不清楚，但我知道，许多优秀的教师都转走了。可以说，当初支撑中学的那根主梁已经倒了一半。剩下的一半，我想，就靠我们的语文老师周德祥校长和政教处主任谭老师等撑着。他们也可以离开的，但他们没有。因为他们对学生们深深的爱，因为他们的责任感，也因为他们共同的名字——人民教师。自古以来，人们称赞教师是蜡烛，是园丁。然而这所有的修辞在谭老师的面前显得那样的无力。以前我们只知道教师可以与学生荣辱与共，而谭老师则用实际行动告诉我们，教师，同样可以与学生们生死相依。

记得刚考上科大时，谭老师对我说："你以后就是一名解放军咯！要好好干，多为人民做贡献。"而这竟成了谭老师对我最后的教诲。谭老师，学生不敢忘记您的话。您的教诲，我一定会牢牢记在心里。作为您曾经的学生，我深感骄傲与自豪；但同时我也知道，在5月12日的下午，所有的华夏儿女都是您的学生。因为您用生命给我们上了最宝贵的一课。

《再忆谭老师》中，有太多佳佳依旧历历在目的记忆。

在佳佳心中，谭千秋老师就是一个可以用特有的"谭氏冷笑话"让枯燥的政治课变得生动有趣、通俗易懂的政治老师。

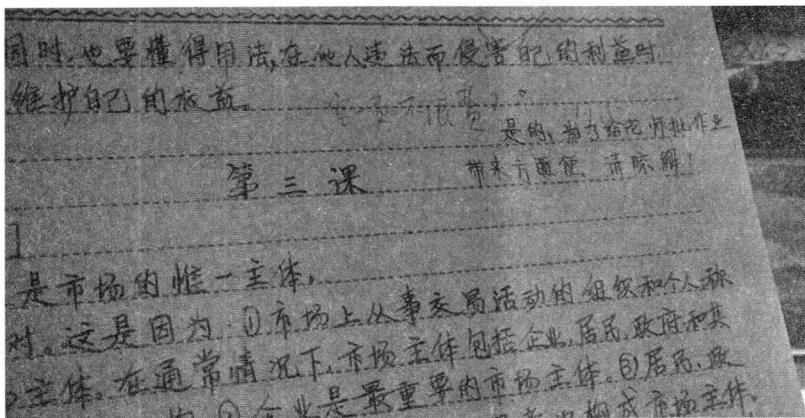

同时，也要懂得用法，在他人违法而侵害自己的利益时，维护自己的权益。

是的，为学生批改作业带来方便，减少误解！

第三课

是市场的唯一主体。

对。这是因为：①市场上从事交易活动的组织和个人称为主体。在通常情况下，市场主体包括企业、居民、政府和其他……②企业是最重要的市场主体。③居民……也……或市场主体。

△ 谭千秋批改的作业

讲到商品的等价交换时，谭千秋举了这样一个例子。他说："用一根针去换一头猪，卖猪的人肯定是不会同意的。"停顿了一下，他又补充道："除非，那个人也是一头猪！"聚精会神的学生们一时还没有反应过来，过了一会儿，大家才哄堂大笑。谭千秋也笑了。这堂"搞笑"的政治课让学生们牢牢地记住了等价交换原则。

在佳佳心中，谭千秋还是一个严厉又不失方法的老师。

有一次，因为作业很多，佳佳和几个同学就在谭千秋的政治课上偷偷写其他课的作业。为了保险起见，其中一位同学自作聪明地掏出一大堆书，摆在课桌前，试图掩饰自己的"不法行为"。

"这种'此地无银三百两'的行为无疑小看了谭老师。只见他健步如飞，以'迅雷不及掩耳'之势扑向我们。我们几个都吓坏了，连书本都忘了收，只能眼睁睁地看着作业本大模大样地躺在课桌上。然而谭老师却绕过我们三个，径直走到了那位稍作伪装的同学面前，拿了他的本子，回到讲台上继续上课，对我们几个不闻不问。"佳佳对谭千秋的做法百思不得其解。

　　"下课后，那位同学主动去政教处承认错误，才知道谭老师是故意放过我们的。他说：'你们在我的课上写其他学科的作业，这已经错了；你还用那么低级的方法掩盖错误，那就是错上加错了。'我们几个听了，暗暗感叹谭老师还给我们

△ 谭千秋永远的微笑

△ 谭千秋和学生在一起

留了点情面，便把这个事情记在心里，引以为戒。"

"大爱千秋浩气长存。"谭老师，我会记住您，我们会记住您。最后，请允许我引用央视主持人的一句话来祭奠您的英灵："谭老师，一路走好！因为我深深地相信，天堂有了您，一定会多一分琅琅的读书声！"在文章的最后，佳佳这样写道。

代课老师

南华大学核资源与安全工程学院的李旭老师在30多年前，曾是谭千秋在祁东老家步云桥附中当代课老师时的学生。

在这个现在也有二十多年教龄的学生心中，

谭千秋从当代课老师起，就是一名开朗豁达、非常称职的老师。

当时谭千秋年龄不大，由于左眼长疖子有个桃皮，调皮的学生就叫他千秋桃皮。对于大家的戏称，开朗的谭千秋总是一笑而过。那个时候，李旭所在班级的学风不太好，上课吵吵闹闹，谭千秋总是耐着性子春风化雨、润物无声地给学生们传授知识，真正做到了诲人不倦。

"在全公社里，我们班的成绩越来越好。我们那一班有不少人后来考上了重点中学，考上了大学，应该说跟千秋老师很有关系。"李旭说。

谭千秋 1977 年考上大学，李旭班上的同学们也因考上了不同的中学而各奔东西，彼此间的联系就少了。

几年后，李旭班上有个同学考上了成都科技大学，谭千秋得知后特意请假赶到成都，带着当年的学生报到找宿舍，跑前忙后，嘘寒问暖。

"5 月 14 日，当我把千秋老师牺牲的噩耗告知当年那个在成都科技大学读书的同学时，她无论如何都不相信。她不相信好人怎么走得这么匆忙，学生连感恩的机会都没有了。在电话里，这位同学泣不成声。"

"千秋老师，我作为一名高校的教师，一定以你为榜样，尽自己所能，培育好国家的栋梁！"李旭说。

大爱千秋

谭千秋因爱而生，因爱而死。他的死，震撼了我们每一个人的心灵，他的爱，共鸣在我们每一个人的胸怀，永远，永远。

千秋大爱，情动三湘。

5月14日，在得知谭千秋是湖南人又是湖南大学的77级校友后，湖南大学在学校为谭千秋举行了追思会。

5月16日，谭千秋的妻子张关容女士怀抱一岁半的女儿，带着谭千秋的遗物返回湖南，先后来到谭千秋的母校湖南大学和老家衡阳祁东，三湘大地给了他们最尊贵、最崇高的礼遇。

→ 湖南大学深情追思："千秋同学，你是我们的骄傲！"

★★★★★

"5月13日，当我在电视上看到关于谭千秋的报道，我心里就有一种不祥的预感，不会是当年同班的那个谭千秋吧？随后有很多同学打电话来问我。事情很容易就得到了证实，就是当年的同学谭千秋！"湖南大学马克思主义学院院长柳礼泉教授是谭千秋当年在湖南大学政治系的同班同学，他是第一个发现报道中的谭千秋就是自己同学的人。

他很快在自己收藏的同学录中找到了当年的毕业集体照和谭千秋离校前送他的1寸黑白照片。音容犹在，物是人非。当年同学少年，风华正茂，怎知27年后再睹相片已成遗照。端详着已泛黄的照片，年届五旬的柳院长不禁泪眼模糊。

消息很快在政治系77级校友中传开，也传遍了整个湖南大学。谭千秋的故事，让本来就沉浸在地震噩耗中的湖大师生们，更近地体会到了灾难带来的切肤之痛。大家迫不及待地要聚到一起，要在谭千秋学习生活过的地方追思这位英雄。

5月14日一早，湖南大学二会议室哀乐低回。深蓝色的条幅，白色的小花，大屏幕上不停地播放谭千秋遇难后妻子擦拭他遗体的照片，让人几乎不忍置身其中。许多在校学生自发地来到追思会现场。他们围坐在会场边，默默地凝望着屏幕上他们的学长谭千秋的相片，似乎要从学长当

大爱千秋

年温和的眼神中读出大爱无边的精神力量。

谭千秋当年的同学陆续赶来了，有的甚至千里迢迢。27年后再相聚，本应是不亦乐乎，然而大家谁也笑不起来。那个老实憨厚的同学谭千秋，再也不能和他们拥抱，再也无法和他们叙谈阔别多年的思念。

27年光阴荏苒，当年同班的同学已各有建树，然而大家却说："别看我们班同学许多已经是高官、博导、教授、老总，只有谭千秋还是一名中学老师，但只有他，才是我们班真正的骄傲！"

谭千秋当年的任课老师、71岁的肖孚容老人，在得知谭千秋的事迹后，特意从百里以外的家中赶到追思会的现场。他动情地说："谭千秋是个十分淳朴善良的孩子，学习也非常刻苦。尽管家境贫寒但很乐观，经常能看到他唱歌、演奏二胡等乐器。27年过去，我依然对他记忆深刻是在于他的坦率。他曾经给我提意见，说我的普通话讲得不好，大家听不懂影响上课的质量，希望我能把普通话说得更标准一些。他还建议我把黑板板书的大小标题加以区分，便于大学学习。"

"昨天看到电视上的消息，我一直安慰自己也许不是我的那个学生，后来接到学生们的电话，我太悲痛了。但他这样的举动我并不意外，从他求学时表现出来的强烈的责任感，我知道他会这样做。我为有这样的学生感到骄傲。"

惊闻噩耗的当夜，谭千秋的大学同窗、中南大学教授张功耀一整晚都没有合眼。"妻子担心我高血压升高，一再劝我去睡觉，可我就是不能入睡。""我和谭千秋是1978年3月5日这一天进入湖南大学的，他是我进入大学认识的第一个同班同学。我们同住在6舍101房间。在湖南大学学习的那四年，仿佛还是昨天的事。"

"谭千秋不仅会拉二胡，连钉扣子、缝补衣

△ 湖大学子悼念学长谭千秋

服这些针线活都做得十分熟练。大学四年，谭千秋一直保持着农家子弟的纯朴、实在、勤奋和吃苦耐劳的特点。1979年暑假，我们两人都没有回家，相约利用假期在长沙干体力活打工挣钱。挣的钱舍不得花，谭千秋拿出一部分寄给家里。"

"毕业那年，曾锡老师给所有同学打了一个比方，要求同学们到了一个单位后千万不要做'飞鸽牌'，而要做'永久牌'，要像柳树那样，插到哪里就在哪里生根发芽。于是，谭千秋在四川生根发芽27年，先后在四川德阳东方汽轮机厂职工大学和中学任教。"回忆起与同窗好友谭千秋在大学期间的一桩桩往事，50多岁的张功耀数次掩面哽咽，悲痛得几乎不能成语。

柳礼泉是当年的副班长，他深深地为毕业27年与谭千秋再未有机会见面而心痛不已。他深情地回忆起老同学："我和千秋都是来自农村的孩子，家里非常穷，是靠国家每月18元的助学金完成学业的。千秋不止一次跟我说，一定要用实际行动报答国家。所以在毕业时，他毫不犹豫地去了并不发达的地区。"

"他对工作的执着和热爱是值得所有人尊敬的。作为恢复高考后的第一届大学生，不少同学毕业分配去了不同的城市，之后很多同学都借各种机会，回到了湖南或者去了沿海发达地区，其实谭千秋也有机会调动。但他热爱自己的教育事业，热爱他的学生，在德阳一干就是 27 年。""而最后，他用生命完成了他要报效国家的承诺。"

远在法国巴黎的谭千秋的同学王践还专程发来一首四言诗《千秋颂》，请大家在追思会上诵读：吾友千秋，少壮老成……舍身成义，护卫少童，为千万家，为千万人……

侯振兴是与谭千秋一起分配到四川的同学，他回忆说："毕业后，我和谭千秋都分配到了四川，谭千秋去了德阳，而我在自贡。隔个两三年总要

△ 湖南大学师生悼念汶川遇难者

见见面。就在爆发地震之前，我们还见过面。在聊天时我曾问过谭千秋一个问题：如果死神来临，你会不会害怕？当时谭千秋回答说，他不怕。"

侯振兴认为，谭千秋最后时刻舍身护学生，这可能是他作为一名人民教师担当的责任。"他知道个人的利益在国家、民族和他人利益面前，应该摆在最后。"

追思会在无尽的回忆和深切的悲痛中持续了两个多小时，不时有人因抑制不住泪水而离座，低低的饮泣声蔓延在会场的每个角落。

在追思会上，湖南大学党委书记刘克利宣布了学习英雄校友谭千秋的决定，并代表学校向谭千秋的家属捐赠12万元，谭千秋的同窗好友们也纷纷承担起谭千秋生前的生活重担，为他的母亲、女儿和妻子捐款12万元。

湖南大学师生万人迎归："千秋学长，一路走好！"

☆☆☆☆☆

"谭千秋要回湖大了！"

5月16日，得知谭千秋的妻子张关容女士将携谭千秋的遗物重返湖南大学，师生们奔走相告。

当日下午5点，长沙黄花国际机场候客大厅出口，湖南大学党委副书记栾永玉和百余名师生胸戴白花、眼含泪水、神情肃穆地列队站在出口两边，等候着谭千秋遗物的到来。下午6点15分，谭千秋妻子张关容怀抱一岁多的女儿谭仙子出现在机场。"我不想再哭了，我的眼泪早已哭干。在我心里，千秋并没有死，他会一直活下去。我很好，灾区的人民也会变好，我们会坚强地活下去！"张关容边走边说。

在众人护送下，张关容母女登上了返回丈夫母校湖南大学的汽车。当车队驶出机场，闻讯赶来的千余群众纷纷向车队挥手致意。机场公路上，早有 100 多辆的士在等候，车灯闪烁。

车队在长沙市内缓缓行进，一路上不时还有的士加入到队伍中，长长的车队浩浩荡荡绵延近一公里。一位的姐一边开车一边擦拭眼角隐隐的泪水，她说："英雄回来了，让我们送他一程。"车队所经之处，无数群众在路边驻足，目送车队开过。

天色渐渐暗下来。这天的夜幕仿佛比往常

△ 迎接英雄校友回家

都来临得早，好像老天也在为英雄的逝去黯然神伤。在湖大校园，两万余名师生在由湘江到东方红广场再到学生公寓的主干道两边分列，手举"迎接千秋校友返校"的巨幅标语，手捧蜡烛，迎接英雄校友英魂归来。

迎接的人群中除了大学生，还有白发苍苍的老教授和充满稚气的小学生。一位坐在轮椅上的中学生说什么也要让妈妈把他推到广场上来，一定要送一送千秋老师。这些人与谭千秋素未谋面，但是英雄的事迹早已让他们情浓似血。

迎接的队伍绵延近2000米，然而两万人聚在一起却没有丝毫喧嚣，校园内出奇地安静。一路烛光，点点烛光之上，印着一张张泪脸。烛光、泪光闪烁在一起，大家的心也揪在一起，"天黑了，愿这烛光能为英雄校友照亮魂归母校的路"。

晚7点30分，载着谭千秋家人及遗物的车队徐徐开进校园，成千上万双眼睛带着哀思、带着祈盼一齐望向同一个方向。校园里，哀乐四起。行至东方红广场，车门徐徐打开，谭千秋的妻子张关容抱着女儿走下车来。当看到她脖子上挂着装着谭千秋头发和指甲的布包和脸上依然挂着纯真笑容的孩子时，现场哭声一片。

尽管悲伤已让张关容泪眼干涸，但看见湖南大学师生们对丈夫的怀念，她不禁又潸然泪下。她说，谭千秋生前最大的愿望就是回母校湖南大学看看，"但愿千秋能看到今天这一幕，我相信他也一定能看到，他会觉得他所做的一切都是值得的"。

短暂停留之后，车队继续缓缓前行，载着英魂，再看一眼魂牵梦绕的母校。万人一齐含泪高呼："千秋学长,一路走好!""千秋学长,我们的骄傲!"

在千万双泪眼的注视下,车队缓缓离去。良久,同学们仍不愿离去。许多同学把手里的蜡烛放在路边的台阶上,"愿点燃一盏长明的心灯,照亮每一颗因灾难而受伤的心灵"。

烛光在风中摇曳,静静地诉说着千年学府的无限哀思。

"千秋学长,一路走好!"

▷ 乡亲们呼唤:"千秋伢子,我们回家!"

★★★★★

5月17日下午,英雄返乡。在妻子和女儿的护送下,谭千秋的英魂回到了他的家乡——衡阳市祁东县步云桥镇岩前村。

中午刚过,镇上的400余乡亲就早早地在镇上的街口守望,他们说,要以最高、最隆重的风俗礼节,迎接岩前村的好儿子。人群中,有人举着"龙身",有人敲着锣鼓,有人手拿花圈,"大爱千秋浩气长存"、"英雄谭千秋永垂不朽"。白底黑字的挽幅打得老高,只为等待好儿子谭千秋回家。

4时30分,当载着张关容的车出现时,已在路边等候了两个多小时的人群顿时沸腾起来。乡亲们以当地悼念的习俗燃起了鞭炮,敲响了锣鼓,仿佛要用这震天的声响让天上的魂灵得到安息。岩前小学几位小学生手捧纸鹤站在村民中,一位同学说,在得知谭老师为救学生而不幸遇难的消息后,他们学校的同学一起叠了几十只千纸鹤,以此寄托对谭老师的崇敬与思念。

张关容紧搂着女儿,神情凝重地向岩前村的老家走去。乡亲们自发地跟在张关容的身后,一路鞭炮,锣鼓声此起彼伏,哭泣声一阵紧过一阵:"千秋,你回家了!""千秋,我们回家!"

在谭千秋的家中,他的老母亲黄春秀正痴痴地守望着儿子

▷ 5月17日,祁东县步云桥镇乡亲们迎接英雄归来

◁ 谭千秋永远活
在故乡人心中

以前回家的路口。当看到张关容和孙女的身影，老人家不禁老泪纵横，风中飘拂的花白发仿佛一下子又白了许多。"他是我最听话的一个孩子……""他最孝顺了……"巨大的悲痛让老人话不成句。八十多岁的老人要承受白头发人送黑发人这世间最深切的痛，让在场的每一个人无语凝咽，痛不忍睹。乡亲们对老人竖起大拇指说："您老养了个好崽啊! 他是我们大家的儿子，是我们村的骄傲!"

虽然已经把张关容和谭仙子送到了家，但几百名老乡仍不愿离去。"让我们再看一眼千秋吧，我们给他鞠个躬就走。"于是，大家在谭千秋的家门口摆上一张桌子，把谭千秋的照片和装着谭千秋头发、指甲等遗物的袋子供奉在桌上，接受大家的悼念。乡亲们自发地列队，一拨又一拨秩序井然地走到英雄的遗物和遗像前鞠躬行礼,向英雄致敬。自发的追悼会持续了近一个小时，熟悉谭千秋的邻居、乡亲们泣不成声，大家在心中默念："千秋，到家了，你安息吧!"

媒体关注

谭千秋老师的英雄事迹引起了各大媒体和全国人民的广泛关注，新华社、中央电视台、人民日报、光明日报、中国教育报、国际日报等海内外数百家媒体作了报道，数以万计的网友纷纷在网络上留言追思，发人肺腑，感人至深。

《人民日报》：那双手，那守护的姿势

★★★★★

　　生死关头，他保护了四个学生，却献出了51岁的生命。

　　5月14日清晨，德阳市汉旺镇东汽中学的操场上，学生家长按当地习俗为东汽中学教师谭千秋燃起一串鞭炮。妻子张关容扑在丈夫身体上放声痛哭："昨天晚上就听说有个老师救了四个娃儿，我哪里知道就是你……"

　　5月12日下午，东汽中学高二（1）班的

孩子们安安静静地坐在教室里，学校教导主任兼政治老师谭千秋正在讲课，黑板上传来粉笔的沙沙声。突然，所有人都感到了课桌椅在晃动，几秒之后，便是天崩地裂。

"我只记得谭老师当时朝我们大喊：'什么都不要拿，马上走，赶快走！'"被谭老师救下的高二女生刘虹丽向记者回忆当时的情景。

来不及躲避了，整个教学楼都在下沉。看着身边四个已经不可能逃离教学楼的孩子，谭千秋双手奋力将他们塞进课桌下，然后张开双臂趴在课桌上，用身躯死死护住桌下的四个孩子。

就在那一瞬间，教学楼轰然坍塌，整个楼板砸了下来……

5月13日23时50分，救护车的鸣笛声响彻汉旺镇。中国地震应急搜救中心的救援人员看到：谭老师趴在课桌上，躬下的身躯，展开的双手，摆出守护的姿势。他的后脑被砸得深深地凹了下去。在他的身躯下，救援人员救出了四个学生。

"谭老师是个大英雄啊。要不是他在上面护着，四个娃一个也活不了。"刘虹丽的舅舅红着眼圈说。"在我们学校里，他是最心疼学生的一个。"谭老师的同事夏开秀老师说。

5月16日，谭千秋魂归故里。张关容带着女儿，携丈夫的遗物回到湖南。长沙市50辆出租车自发来到机场，组成绵延3公里的车队，为英雄护灵。湖南大学校园内的道路两旁，上万名师生手持蜡烛、横幅，为校友送行……

（记者魏贺　侯露露）

➡ 《光明日报》：英雄千秋

★★★★★

2008 年 5 月 13 日晚上 10 时，四川地震重灾区德阳市汉旺镇，冷雨凄凄，搜救匆匆。当救援人员搬开德阳市东汽中学一垮塌的教学楼楼板时，一个场景令他们惊呆了：一个人，双臂张开着趴在课桌上，身下死死地护着四个学生，四个学生成功获救，而这个人的后脑却被楼板砸得深凹了下去……

这个人名叫谭千秋，东汽中学政治课教师，湖南祁东县人，1982 年湖南大学政治专业毕业后，一直在四川绵竹东方汽轮机厂职工大学和中学任教。

获救女生刘虹丽的舅舅告诉记者："我外甥女是高二（1）班的学生，要不是有谭千秋老师在上面护着，这四个娃儿一个也活不了！"

5 月 16 日下午 5 点，长沙黄花国际机场候客大厅出口，湖南大学党委副书记栾永玉和百余名师生胸戴白花、眼含泪水、神情肃穆地列队站在出口两边，等候着谭千秋遗物的到来。下午6点15分，谭千秋妻子张关容怀抱一岁多的女儿出现在机场。"我不想再哭了，我的眼泪早已哭干。在我心里，千秋并没有死，他会一直活下去。我很好，灾区的人民也会变好，我们会坚强地活下去！"张关容边走边说。

在众人护送下，张关容母女登上了返回丈夫母校湖南大学的汽车。当车队驶出机场，闻讯赶来的千余群众纷纷向车队挥手致意。机场公路二，早有100多辆的士在等候，车灯闪烁，的士师傅们说，英雄回来了，我们一起送他一程。

夜幕降临，载着谭千秋家人及遗物的车队徐徐开进湖南大学校园。校园里，哀乐四起，哭声一片。从湘江边到学校中心区域东方红广场，万余名师生，手捧蜡烛，分列在1000多米长的校园主干道上，为英雄校友魂归母校照亮道路。

点点烛光之上，印着一张张泪脸。虽然他们素未谋面，但是学长的英勇事迹早已让他们情浓似血。7点30分，车队缓缓停在了东方红广场，当车门徐徐打开，师生们看到英雄校友家人和孩子那纯真的笑脸时，现场哭声一片。尽管悲伤本已让张关容泪眼干涸，但看见湖南大学师生们对丈夫的怀恋，她不禁又潸然泪下。

短暂停留之后，车队继续缓缓前行，带着英雄的遗愿，再看一眼魂牵梦绕的母校。万人一起呐喊："千秋学长，一路走好！"

（记者唐湘岳　通讯员唐珍名　李璀）

《中国教育报》：谭千秋，生命最后的姿势

★★★★★

深夜的四川省德阳市汉旺镇，冷雨凄凄，呼啸而过的救护车最能给人带来一丝温暖，那意味着又有一个生命在奔向希望。

5月13日23时50分，救援人员在德阳市绵竹东汽中学的坍塌教学楼里连续救出了四个学生。

"要不是有他们的老师在上面护着，那四个孩子一个也活不了！"

绵竹教育局的工作人员对记者说。

"我们发现他的时候，他双臂张开着趴在课桌上，身下死死地护着四个学生，四个学生都活了！"一名救援人员这样描述当时的场景。

"12日早上，他还跟平常一样，6点就起来

了。他给我们的小女儿洗漱穿戴好，带着她出去散步。回来后，就早早地赶到学校上班。"

"这一走，就再也没回来。女儿还在家里喊着爸爸啊！"妻子张关容泣不成声。

谭千秋 50 余岁，是绵竹东汽中学的教导主任，兼高二和高三年级的政治课。

张关容告诉记者："他做出这样的举动，我觉得很正常，因为他最心疼学生了。我跟他在校园里散步，远远地看到地上有一块小石头或者玻璃查子，他都要走过去捡起来，怕学生们玩耍的时候受伤。"

"以前，啥子事情都是他做主，他把我们照顾得把把实实。现在他走了，我突然就变得坚强了。"谭千秋遇难后，张关容剪下了丈夫的一缕发丝，缝在一个红色的布包里，用一根白色的带子挂在自己的脖子上。

一岁零五个月的小女儿，似乎还没有感受到失去爸爸的悲痛。她一次又一次地用嫩嫩的小手去抓那个红色的布包。张关容从女儿手里抢过红布包，在女儿面前晃一晃："这是你的爸爸，这是你的爸爸。"

说着说着，张关容就呜咽了。

谭千秋和张关容的小女儿名叫谭仙子。谭千秋和前妻还有一个女儿，叫谭君子，如今是北京大学法学院的大二学生。君子告诉记者："我爸给了我们一个相关的名字，就是希望我们不要忘了相互是亲姐妹，无论何时都要相互照顾。"

在大女儿眼里，谭千秋是一个很细心的好爸爸。"他跟我的妈妈在我 4 岁的时候就离婚了。他含辛茹苦把我抚养长大，邻居都说他当爸爸的就像当妈妈一个样。"

谭千秋很节约，节约到近乎吝啬。他曾对君子说，有两件事情对不起她。"一次是我的一个小朋友想吃冰激凌，他没舍得买，我就大哭了一场。另一次是一位教师到我们学校演讲卖书，我想买，他觉得没有必要，就没有买，我就跟他吵了起来。"

"每次我从北京给爸爸打电话，他总是没说几句就挂了，他觉得没必要浪费电话费。"谭君子说，"小时候，爸爸经常带我出去玩，我们总有说不完的话。现在，我特别后悔，再也跟爸爸说不上话了。"

（记者　李益众　余冠仕　樊世刚）

《国际日报》：“千秋” 大爱感人间

★★★★★

5月13日22时12分，救援人员正紧张地在四川省德阳市汉旺镇东汽中学教学楼坍塌的废墟中搜救。当他们搬走压在一个中年人身上的最后一块水泥板时，无不为眼前的一幕深深震撼、流泪：这位教师张开双臂紧紧地趴在课桌上；在他身下，蜷伏着四个幸存的学生！

这位可敬的教师叫谭千秋。年方51岁的他，用自己宝贵的生命，诠释了人世间的大爱。事后，湖南省委书记张春贤高度赞誉："英雄不死，精神千秋！"

平凡好青年

祖籍湖南衡阳的谭千秋，从小就是有名

的孝子。家中兄弟姐妹多，他和父母常吃红薯，把极少的米饭留给弟妹吃。在湖南大学读书的时候，他把国家奖学金留很少给自己，其余大都寄给家中用。1982年大学毕业后，他主动选择到四川东方汽轮机厂职工大学当一名"支边"教师，一干就是27年。他经常教育学生说："做人最重要的是要有对国家和社会的责任感。"得知生活在农村的弟妹生活比较困难，他一人承担起赡养父母的义务。他热心社会公益事业，村里修路、建校，他都捐款。他对学生非常关心，学生有困难，他都尽力相助，因而被学校誉为"最疼爱学生的人"。

大爱感人间

5月12日下午2点多钟，正在教室上课的谭千秋感到房子突然剧烈地抖动起来。他意识到不妙，立即喊道："大家快跑，什么也不要拿！"很快，同学们迅速冲出了教室。此时，房子摇晃得越来越厉害了，并伴随着刺耳的吱吱声。眼看房子就要倒塌，但还有四位同学已没法冲出去，谭千秋立即将他们拉到课桌底下，自己弓着背，双手撑在课桌上，用自己的身体盖着四个学生。瞬间，伴随着轰隆隆的巨响，房子倒塌了……

5月17日，谭千秋的妻子张关容怀抱小女儿，带着丈夫的遗物回到湖南，三湘大地对英雄的家属给予最尊贵、最崇高的礼遇：在谭千秋的母校湖南大学，约两万名学生手捧烛光，夹道相迎；在黄花机场，100多辆出租车自发为她们送行；祁东县老家，父老乡亲跑了几十公里路，到县城迎接……

母校树楷模

湖南大学决定开展向谭千秋校友学习的活动，并联合谭千秋同班校友共向其亲属捐赠慰问金 24 万元。一名同学在湖大校园网上发表感言："我们会永远记住你张开双臂的姿势。流完这滴泪，我决定不再哭了。因为，从这一秒开始，我要像你一样，在危险面前绝不颤抖，做一个勇敢的、恪尽职守的、大爱无声的人！"

（记者　喻良球　通讯员　成新平）

《湖南日报》：永远记住你张开双臂的姿势

★★★★★

5月12日，四川汶川发生强烈地震，德阳东汽中学教师谭千秋同志用自己的双臂和身体护住四个学生，自己却不幸遇难。

"我会牢记你那永恒的瞬间。你那张开的双臂，是一双恪尽职守、充满无私大爱的双臂。当大灾到来时，那双手臂不是急于寻求自身的安全，而是坚强不屈地担负起保护学生的职责。"5月16日上午，湖南大学师生举行追思会，悼念在四川地震中勇救四名学生的英雄教师、他们引以自豪的77级校友谭千秋。

谭千秋是湖南省祁东县人。1982年1月湖南大学政治专业毕业后，分配到四川绵竹东方汽轮机厂工作，先后在该厂职工大学和中学任教。从教26年来，谭千秋不仅教学成绩卓越，被评为特级教师，而且，在担任中学教导主任以来，他致力于学校的教学改革和创新，为提高教学质量做出了积极贡献。他视学生如子女，哪怕在校园里看到一块小石头都要捡起来，生怕学生们玩耍时受伤，被同事们誉为"最疼爱学生的人"。

就是这个"最疼爱学生的人"，在5月12日下午地震发生的一刹那，义无反顾地张开自己的双臂，将正在自己课堂里听课的四名学生紧紧地掩护在身下。一天后，当人们从废墟中将他扒出来时，他的双臂还张开着，趴在课桌上，手臂上伤痕累累，后脑袋被楼板砸得凹了下去，献出了年仅51岁的生命，而四名学生则在他的保护下成功获救。

他是一个品格高尚的平凡人。曾给谭千秋上过课的肖孚容老师向大家展示了他30年前的成绩单、学籍表。在长沙的14名同班同学深情地回忆起他在湖大求学的情景。湖大教授柳礼泉说，千秋同学是一名极其普通的学生，他连寝室长都未做过，但是他的质朴、他的纯真、他的憨厚，还有他的那种感恩情怀，让我们丝毫不惊诧他那一刻的勇敢抉择。中南大学教授张功耀说，千秋的一生是平凡的一生。但他这种安于平凡的精神恰恰就是真正的不平凡。三是这样的平凡，才真正体现了他一生不为名、不为利、不苟且、不阿谀的傲骨和正气。也正是这样的人，才能在危难之际显现出英雄本色。

"他以师者的本色展示了人民教师的职业操守，以自己的宝贵生命诠释了爱与责任的师德灵魂。"湖大校党委书记刘克利高度赞扬谭千秋的崇高精神。湖南大学已经下发决定，在全校开展向谭千秋校友学习活动，并向其亲属捐赠慰问金12万元。同班校友也纷纷解囊，捐出了12万元。

"如果，没有这场地震，我想，在湖大校史里，你就是一个普通的校友，在世人眼里，或许你就是一个平凡的老师。可是，你知道吗? 如果没有这场地震，我宁愿你普通，我宁愿你平凡，我宁愿你好好地活着。"湖大马列主义学院的一名同学在湖大校园网上这样表达大家的心声："我们会永远记住你张开双臂的姿势。流完这滴泪，我决定不再哭了。因为，从这一秒开始，我要像你一样，做一个勇敢的、恪尽职守的、大爱无声的人! 像你一样，在危险面前绝不颤抖!"

（记者　张茧）

后 记

精神千秋

谭千秋在汶川大地震中舍己救人的壮举感动了川湘，感动了中国，震后，中共中央组织部追授谭千秋"抗震救灾优秀共产党员"称号，并入选全国"双百"英模。

2008 年 9 月，湖南大学出版社出版了《大爱千秋》一书，谭千秋的事迹也载入了母校史册。《大爱千秋》图书也荣获 2009 年湖南省"五个一工程奖"和"第二届中华优秀出版物奖'抗震救灾特别奖'"。

2009 年，湖南大学与衡阳市委市政府、今涛影视传媒有限公司根据谭千秋英雄事迹联合创作、摄制了故事影片《最后一课》。教育部为此专门发文要求教育系统组织观看，认为影片反映了以谭千秋为代表的灾区广大教师，面对突如其来的"5·12"特大地震灾害，舍生忘死，顽强拼搏，奋勇保护学生，以实际行动履行人民教师神圣职责的崇高品质，生动展现了新时期人民教师为人师表、教书育人的高尚师德，是一部优秀的师德教育教材。在教育系统组织观看电影《最后一课》，对于广大师生和教育工作者深入学习谭千秋等英模人物先进事迹，进一步弘扬伟大抗震救灾精神，激励教育工作者献身教育事业，促进教育改革与发展，具有重要意义。

翻开东汽中学 2009 年编辑成册的《痛定思痛》一书，一些幸存学生的回忆文章，给我们重现了地震那一刻的场景——谭千秋一直在指挥学生避难。"有人开始往外跑，老师大声喊道：地震！同学们别慌！""教室又一次开始晃动，谭老师扶着讲桌，大声说：'快，躲到桌子下面去。'""我望着谭老师，他做了一个趴下的手势。"

谭千秋的女儿谭君子说："对我爸爸，我很难描述，我觉得用语言来形容他，真的很有限。有的人是用来读的，不是用来表达的，我知道，我爸爸是一个值得你去读的人。"

时光荏苒，灾后重建已四年。如今，一座由湖南援建、以谭千秋名字命名的中学在地震灾区德阳市拔地而起，而矗立在湖南大学校园里的谭千秋雕塑令人肃然起敬。

谭千秋走了，而"千秋精神"永存。

鸣　谢

尽管汶川大地震已经过去四年多了，但当我们再次接到谭千秋书稿的编写任务时，心里仍然久久不能平静，四年前有关谭千秋的采访经历，已然成为了镶嵌在我们生命中一段永恒的记忆。在本书编著期间，我们依然和四年前一样感动不断，以至于常常再次情不自禁地落泪、慨叹、沉思。

在这里，我们要感谢湖南大学对本书出版的全力支持与配合，特别是学校党委副书记栾永玉、宣传部部长唐珍名，以及李璀、曾欢欢、蒋晶丽、胡琼、黄红立等同志，他们提供了大量珍贵的文字和图片资料，感谢他们为之付出的辛勤劳动和汗水！

编　者

2012 年 10 月

/**100**位

新中国成立以来感动中国人物 /

丁晓兵　马万水　马永顺　马恒昌　马海德　中国女排五连冠群体

孔祥瑞　　孔繁森　　文花枝　　方永刚　　方红霄　　毛岸英

王　杰　　王　选　　王　瑛　　王乐义　　王有德　　王启民

王进喜　　王顺友　　邓平寿　　邓建军　　邓稼先　　丛　飞

包起帆　　史光柱　　史来贺　　叶　欣　　甘远志　　申纪兰

白芳礼　　任长霞　　刘文学　　刘英俊　　华罗庚　　向秀丽

廷·巴特尔　许振超　　达吾提·阿西木　邢燕子　　吴大观

吴仁宝　　吴天祥　　吴金印　　吴登云　　宋鱼水　　张　华

张云泉　　张秉贵　　张海迪　　时传祥　　李四光　　李春燕

李桂林和陆建芬夫妇　李素芝　　李梦桃　　李登海　　杨利伟

杨怀远　　杨根思　　苏　宁　　谷文昌　　邰丽华　　邱少云

邱光华　　邱娥国　　陈景润　　麦贤得　　孟　泰　　孟二冬

林　浩　　林巧稚　　林秀贞　　欧阳海　　罗映珍　　罗健夫

罗盛教　　草原英雄小姐妹　　赵梦桃　　钟南山　　唐山十三农民

容国团　　徐　虎　　秦文贵　　袁隆平　　钱学森　　常香玉

黄继光　　彭加木　　焦裕禄　　蒋筑英　　谢延信　　韩素云

窦铁成　　赖　宁　　雷　锋　　谭　彦　　谭千秋　　谭竹青

樊锦诗

图书在版编目（CIP）数据

谭千秋 / 张茧，彭世文编著. -- 长春：吉林文史出
版社，2012.1（2022.4重印）
（100位新中国成立以来感动中国人物）
ISBN 978-7-5472-1229-5

Ⅰ. ①谭… Ⅱ. ①张… ②彭… Ⅲ. ①谭千秋（
1957～2008）－生平事迹－青年读物②谭千秋（1957～
2008）－生平事迹－少年读物 Ⅳ. ①K825.46-49

中国版本图书馆CIP数据核字(2012)第246973号

谭千秋

TANQIANQIU

编著/ 张茧 彭世文

选题策划/ 王尔立 责任编辑/ 王尔立 李洁华 任玉茗

装帧设计/ 韩璘

出版发行/ 吉林文史出版社

地址/ 长春市福祉大路5788号 邮编/ 130118

电话/ 0431-81629363 传真/ 0431-86037589

印刷/ 天津海德伟业印务有限公司

版次/ 2012年11月第1版 2022年4月第4次印刷

开本/ 640mm×920mm 1/16

印张/ 9 字数/ 100千

书号/ ISBN 978-7-5472-1229-5

定价/ 29.80元